FERNAND LAUDET
DE L'INSTITUT

L'ENFANT CHÉRIE DU MONDE

(PIE XI

SAINTE THÉRÈSE DE LISIEUX

MAISON ALFRED MAME
ET FILS

“ L’Enfant chérie du Monde ”

(PIE XI)

SAINTE THÉRÈSE DE LISIEUX

DU MÊME AUTEUR

A LA MÊME LIBRAIRIE

Histoire populaire de Jésus, 70e édition.

FERNAND LAUDET
DE L'INSTITUT

"L'Enfant chérie du Monde"

(PIE XI)

SAINTE THÉRÈSE DE LISIEUX

TOURS
MAISON ALFRED MAME ET FILS
AGENCE A PARIS : 6, RUE MADAME (VIe)

Nihil obstat:

Turonibus, die 29a Novembris 1926.

L. Baudiment, *Censor deputatus.*

Imprimatur:

Turonibus, die 30 Novembris 1926.

C. Bergeault,
v. g.

Le moyen d'être simple est de tenir son esprit proche de Dieu qui est un esprit très simple.

SAINT FRANÇOIS DE SALES

TABLE DES MATIÈRES

PREMIÈRE PARTIE

La Vie de Thérèse.

DEUXIÈME PARTIE

L'Histoire de l'Ame de Thérèse.

TROISIÈME PARTIE

La Survivance.

PREMIÈRE PARTIE

La Vie de Thérèse

CHAPITRE PREMIER

Naissance de Thérèse. — Premières années à Alençon. — Mort de Mme Martin.

Marie-Françoise-Thérèse Martin, celle qui devait devenir, le 17 mai 1925, sainte Thérèse de l'Enfant-Jésus, naquit, le jeudi 2 janvier 1873, à Alençon, rue Saint-Blaise, n° 36, à proximité de l'église Notre-Dame.

On voit encore la petite maison avenante où elle habita plus de quatre années; trois fenêtres cintrées s'ouvrent sur un balcon au-dessus du rez-de-chaussée. Une plaque commémorative y a été apposée, et Mgr l'évêque de Séez, en 1923, a célébré pour la première fois la messe dans la chambre où elle a vu le jour.

Ses parents avaient déjà eu avant elle huit enfants, dont quatre morts en bas âge.

Il leur restait quatre filles : Marie, Pauline, Céline et Léonie qui toutes les quatre devaient se retirer dans le cloître.

D'ailleurs le père de Thérèse, Louis Martin, et sa mère, Zélie-Marie Guérin, avaient eu aussi, dans leur jeunesse, la pensée d'entrer en religion, et s'ils y renoncèrent, après avoir reconnu chez eux plutôt l'attrait d'un sentiment qu'une vraie vocation, ils menèrent du moins dans le monde la vie la plus pieuse et la plus fervente. Du jour où ils se rencontrèrent et s'unirent, ils vécurent en pleine harmonie dans un haut esprit de foi et dans l'observation rigoureuse de toutes les pratiques recommandées par l'Église. Ils eurent certainement une grande influence sur la vocation de leurs enfants. « En entendant nos parents parler de l'éternité, témoigne l'aînée des filles, nous nous sentions disposées, toutes jeunes que nous étions, à regarder les choses du monde comme une pure vanité. »

Le ménage était de souche normande.

M. Martin, d'une famille du Bocage, était né à Bordeaux en 1823 où son père, capitaine d'infanterie au 22e léger, tenait garnison ; mais, quand celui-ci revint au pays natal jouir de sa retraite à Alençon, son fils l'y suivit et prit un commerce d'horlogerie-bijouterie, rue du Pont-Neuf.

Mme Martin était née à Saint-Denis-sur-Sarthon (Orne) où son père était gendarme, avant de se retirer également à Alençon. Elle avait une sœur aînée visitandine, et un frère pharmacien à Lisieux, Isidore Guérin, dont la fille se fit carmélite.

On voit par là dans quelle atmosphère religieuse devait s'épanouir la jeune âme de Thérèse.

Sa mère avait été élevée à Alençon chez les Dames de l'Adoration, où elle avait obtenu de nombreux succès scolaires. Elle monta ensuite un bureau de dentelles et, par son goût très sûr, réussit dans son commerce auquel elle associa son mari, après qu'il eût cédé à l'un de ses neveux son fonds d'orfèvrerie.

Le ménage vivait dans une certaine aisance qui lui permit de faire élever les filles aînées à la Visitation du Mans.

C'étaient des gens très simples. Mme Martin s'occupait de son commerce et de ses œuvres; M. Martin affectionnait la pêche à la ligne. Ils menaient une vie retirée et intime.

Ainsi qu'il a été dit plus haut, ils avaient été éprouvés par la perte de quatre enfants et surtout par celle de deux fils morts en très bas âge, car ils rêvaient d'avoir un enfant missionnaire. Ce rêve se continua quand le neuvième enfant fut attendu; mais ce fut Thérèse que le Ciel leur envoya.

« Mes enfants, vint dire à minuit M. Martin à Marie et à Pauline, vous avez une petite sœur. »

*
* *

Elle était née le 2 janvier; mais, pour attendre l'arrivée du parrain, le baptême fut différé jusqu'au 4 janvier, et ce retard n'était pas sans inquiéter sa mère. Enfin elle fut faite chrétienne, le samedi, à la chapelle des fonts baptismaux de Notre-Dame d'Alençon. Mme Martin avait espéré pouvoir nourrir elle-même son enfant, mais bientôt ses forces s'épuisèrent, l'enfant dépérit et le souvenir de ses deux petits garçons enlevés au bout de quelques mois la décida à tenter par tous les moyens de garder la vie à Thérèse. Le médecin conseilla, pour rendre la santé à cette créature chétive, de la confier à une nourrice vigoureuse.

La mère n'hésita pas : elle connaissait au

village du Carrouge, paroisse de Sémallé, situé à près de deux lieues d'Alençon, une fermière robuste et honnête, la femme Taillé, qu'on appelait dans le pays *la petite Rose*, et elle lui remit son enfant presque mourante. Auprès d'elle et au grand air de la campagne, l'enfant ressuscita et, un an après, le 2 avril 1874, elle était ramenée à sa famille.

Toute inquiétude était dissipée. Désormais Thérèse devint l'enfant chérie de ses parents. Sa mère, qui n'avait plus que quelques années à vivre et qui en avait peut-être le pressentiment, car sa santé était atteinte, s'appliqua à ne rien laisser perdre de sa sollicitude pour elle. Quant à son père, homme très tendre, particulièrement pour sa dernière fille, il l'appelait « sa petite reine » et il était le captif de ses charmes.

De bonne heure ses qualités se révélèrent. Elle n'a que trois ans et sa sœur aînée, Marie, sa marraine, écrit : « C'est une enfant qui nous donne à tous bien des joies; elle est d'une franchise extraordinaire. » « Je ne pouvais, a dit Thérèse, supporter la pensée d'avoir affligé mes bien-aimés parents. »

Et voici que déjà elle entrevoit sa vocation. C'est elle-même qui l'écrit dans *l'Histoire d'une âme*, cette histoire de sa vie dont nous parlerons plus loin : « Quelquefois j'entendais dire que Pauline serait religieuse ; alors, sans trop savoir ce que c'était, je pensais : Moi « aussi, je serai religieuse. » C'est là un de mes premiers souvenirs et je n'ai jamais changé. »

Elle aimait profondément ses sœurs : Marie et Pauline, les deux grandes, « qui la rendaient fière » ; Léonie, qui, en revenant de ses leçons, la gardait, quand toute la famille était en promenade. « Il me semble entendre encore, écrit-elle, les gentils refrains qu'elle chantait de sa douce voix pour m'endormir ; » enfin Céline, la vraie compagne de son enfance. « Nous nous entendions parfaitement toutes les deux ; mais j'étais bien plus vive et bien moins naïve qu'elle. »

Et elle ajoute humblement : « Céline était douce et moins méchante que moi. »

Que se reproche-t-elle donc?

Ce que lui reprochait sa mère. « C'est une enfant, disait-elle, d'un entêtement presque invincible. Quand elle dit *non*, rien ne peut la faire céder ; on la mettrait une journée dans la cave sans obtenir un oui de sa part, elle y coucherait plutôt. »

Et, ajoute Thérèse, « j'avais encore un défaut

dont maman ne parle pas dans ses lettres : c'était un grand amour-propre. »

Elle en donne deux exemples qui vraiment témoignent bien peu de l'orgueil dont elle s'accuse. Sa mère lui ayant dit : « Ma petite Thérèse, si tu veux baiser la terre, je vais te donner un sou, » elle répondit : « Oh ! non, ma petite mère, j'aime mieux ne pas avoir un sou. »

Une autre fois, sa mère lui avait fait mettre sa plus jolie toilette, mais en recommandant à sa sœur Marie de ne pas lui laisser les bras nus. « Je ne soufflai mot, raconte Thérèse, et montrai même l'indifférence que doivent avoir les enfants de cet âge ; mais intérieurement je me disais : « Pourtant, comme j'au-
« rais été plus gentille avec mes petits bras nus ! »

Telles étaient les fautes de cette enfant de quatre ans, et elles lui paraissaient si graves qu'elle écrit : « Avec une semblable nature je me rends parfaitement compte que, si j'avais été élevée par des parents sans vertus, je serais devenue très méchante et peut-être même aurais-je couru à ma perte éternelle. »

A vrai dire elle était de nature capricieuse

et impérieuse, mais elle avait une telle honnêteté et un tel amour du bien, elle subissait si heureusement l'influence des bons exemples et, toute jeune, elle comprenait déjà si bien la piété et l'amour de Dieu, qu'elle domptait toutes ses tendances fâcheuses ; « il suffisait que l'on me dît une seule fois : il ne faut pas faire telle chose, pour que je n'eusse plus envie de recommencer. »

Dès qu'elle sut ce qu'était un sacrifice, elle voulut en accomplir, et elle s'engagea sur la voie où elle ne devait plus s'arrêter.

Et, à ce sujet, Thérèse raconte de la manière la plus émouvante un trait de sa petite enfance qui « résume, dit-elle, toute sa vie ».

Sa sœur Léonie lui présenta un jour, ainsi qu'à Céline, une corbeille remplie de colifichets et leur dit : « Tenez, mes petites sœurs, choisissez. » « Céline regarda et prit un peloton de ganse. Après un moment de réflexion, j'avançai la main à mon tour et je dis : « Je choisis tout, » et j'emportai corbeille et poupée sans autre cérémonie...

« Plus tard, ajoute Thérèse, lorsque la perfection m'est apparue, j'ai compris que, pour devenir une sainte, il fallait beaucoup souffrir, rechercher toujours ce qu'il y a de plus parfait et s'oublier soi-même. J'ai compris que, dans la sainteté, les degrés sont nombreux, que chaque âme est libre de répondre aux avances de Notre-Seigneur, de faire peu ou beaucoup pour son amour, en un mot de choisir entre les sacrifices qu'il demande. Alors, comme aux jours de mon enfance, je me suis écriée : « Mon Dieu, je choisis tout. » Je ne veux pas être sainte à moitié; cela ne me fait pas peur de souffrir pour vous, je ne crains qu'une chose, c'est de garder ma volonté; prenez-la car *je choisis tout* ce que vous voulez. »

Mais n'anticipons pas. Thérèse n'a encore que quatre ans à peine. « Que j'étais heureuse à cet âge! s'écrie-t-elle. Non seulement je commençais à jouir de la vie, mais la vertu avait pour moi des charmes. » Elle s'appliqua à ne jamais se plaindre, à ne jamais s'excuser, et ces victoires sont pour elle d'ineffables jouissances. « Ah! comme elles ont passé rapidement, ces années ensoleillées de ma petite enfance, et quelle douce et suave empreinte elles ont laissée dans mon âme! »

En y pensant, bien des années après, Thérèse songe à la nature qu'elle aimait tant et dont, non sans regrets, elle se sépara à jamais pour s'ensevelir dans le jardin muré d'un couvent.

Son père avait une petite propriété à l'entrée d'Alençon, *le Pavillon,* et elle se rappelle « avec bonheur » les jours où on l'y menait, de même que les promenades du dimanche où sa mère les accompagnait. « Je sens encore, dit-elle, les impressions profondes et poétiques qui naissaient dans mon cœur à la vue des champs de blé émaillés de coquelicots, de bluets et de pâquerettes. Déjà, j'aimais les lointains, l'espace, les grands arbres; en un mot toute la belle nature me ravissait et transportait mon âme dans les cieux. »

Rappelons que ce sont là les souvenirs d'une enfant qui avait quatre ans; mais, de même que sa petite âme réfléchie et enthousiaste avait déjà entrevu sa vocation religieuse, de même son cœur ardent était épris de la beauté de la vie.

« Oh! véritablement tout me souriait sur la terre. Je trouvais des fleurs sous chacun de mes pas, et mon heureux caractère contribuait aussi à rendre ma vie agréable. »

Elle n'avait pas encore souffert. La souffrance vint.

Depuis quelque temps la santé de Mme Martin donnait de sérieuses inquiétudes. Minée depuis seize ans par un mal qui progressait, cette femme pieuse et courageuse, qui était une fervente tertiaire franciscaine, endurait la souffrance sans se plaindre et même sans arrêter sa vie ; mais un jour vint où ses forces la trahirent et où elle ne put plus dissimuler son état à ses proches.

Elle dut céder son commerce de dentelles. Elle envisageait sans crainte la mort, mais elle aurait souhaité encore un peu de vie pour achever l'éducation de ses filles. Avec les trois aînées, la mère fit le pèlerinage de Lourdes, n'en rapporta pas la guérison et se résigna. Devant ses enfants attristées, en rentrant à Alençon, elle avait chanté à pleine voix les cantiques du pèlerinage.

Le mal progressa et les mois de juillet et d'août 1877 furent marqués par des souffrances intolérables. Le pauvre corps de la malade était dévoré ; il fallait écarter de ce spectacle les deux petites et on les envoyait durant le jour dans une maison amie ; mais à une nature sensible et vive comme celle de Thérèse on ne pouvait tout cacher et elle nous dit : « Tous les détails de la maladie de ma mère sont encore présents à mon cœur. Je me souviens surtout des dernières semaines qu'elle a passées sur la terre. Nous étions, Céline et moi, comme de pauvres petites exilées. Tous les matins, Mme X... venait nous chercher et nous passions la journée chez elle... Mais, malgré les distractions qu'on essayait de nous donner, la pensée de notre mère chérie nous revenait sans cesse. »

L'heure de la séparation sonna et l'enfant fut introduite dans la chambre, quand sa mère reçut les derniers sacrements.

Impressions ineffaçables.

« La cérémonie s'est imprimée dans mon âme. Je vois encore l'endroit où l'on me fit agenouiller, j'entends encore les sanglots de mon pauvre père. »

Mme Martin quitta ce monde, le 28 août 1877. Elle était dans sa quarante-septième année.

Le lendemain, le père prit son enfant dans ses bras et lui dit : « Viens embrasser une dernière fois ta chère petite mère. »

« Sans prononcer un seul mot, dit-elle, j'approchai mes lèvres du front glacé de ma mère chérie. »

« Je ne me souviens pas d'avoir beaucoup pleuré. Je ne parlais à personne des sentiments profonds qui remplissaient mon cœur ;

je regardais et j'écoutais en silence. Je voyais ainsi beaucoup de choses qu'on aurait voulu me cacher. Un moment je me trouvais seule en face du cercueil placé debout dans le corridor ; je m'arrêtai longtemps à le considérer ; jamais je n'en avais vu, cependant je comprenais. J'étais si petite alors qu'il me fallait lever la tête pour le voir tout entier, et il me paraissait bien grand, bien triste... »

De telles impressions ne peuvent qu'être diminuées par tout commentaire. Mais quel drame que la rencontre de ce tout petit enfant et du grand cercueil de sa mère ! Quelle profondeur de pensée il y a dans cette âme qui, à ce contact, déchiffre déjà la mort !

Le service religieux fut célébré à Notre-Dame d'Alençon, puis la famille revint à la maison de la rue Saint-Blaise. « Nous étions réunis tous les cinq, écrit Thérèse, nous regardant avec tristesse. »

« Pauvres petites, s'écria la bonne, en se tournant vers les deux dernières, vous n'avez plus de mère. »

Alors Céline se jeta dans les bras de Marie en s'écriant : « Eh bien, c'est toi qui seras maman. »

Thérèse pensa que Pauline allait peut-être

avoir du chagrin de se sentir délaissée, n'ayant pas de petite fille. Alors elle la regarda avec tendresse et, cachant sa petite tête sur son cœur, elle dit à son tour : « Pour moi, c'est Pauline qui sera maman. »

CHAPITRE II

L'Enfance à Lisieux. — Joies et épreuves

La mort de Mme Martin, qui était une maîtresse femme, laissa le père et les enfants très désemparés.

M. Martin, soucieux de l'éducation de ses cinq filles, était hésitant entre les diverses propositions que lui faisaient pour lui venir en aide des parents et des amis.

Finalement il se décida, quoiqu'il lui en coûtât de quitter Alençon, ses relations, ses habitudes, à se rendre à l'appel de la famille maternelle de ses enfants. Il avait le sentiment, en agissant ainsi, de répondre aux intentions de sa femme, et il pria son beau-frère, M. Guérin, de lui chercher auprès de lui, à Lisieux, une maison assez vaste pour abriter tous les siens.

Cette demeure fut trouvée : c'était la villa

des *Buissonnets* assise à mi-côte de la colline qui domine la ville. M. Martin y installa ses filles au début de novembre 1877.

Si jeune que fût Thérèse, elle commençait une autre vie.

Elle nous a dit, elle-même : « A partir de cette époque il me fallut entrer dans la seconde période de mon existence, » et elle ajoute : « ce fut la plus douloureuse, » surtout depuis l'entrée au Carmel de Pauline, celle qu'elle avait choisie pour sa seconde mère. Une seconde fois elle se sentit orpheline, et il faut tenir compte de ce second déchirement. « Cette période, précise Thérèse, s'étend à partir de quatre ans et demi jusqu'à ma quatorzième année, où je retrouvai mon caractère d'enfant, tout en comprenant de plus en plus le sérieux de la vie. »

« Où je retrouvai mon caractère d'enfant, » parole significative, car l'enfant chérie du monde fut à la fois une âme virile et une âme d'enfant; elle s'appliqua même à rester petit enfant, et il est curieux de la considérer pendant ces dix années où son caractère évolua.

« Aussitôt la mort de maman, confie-t-elle à sa sœur Pauline dans l'*Histoire d'une âme*, vous le savez, ma mère, mon heureux caractère changea complètement. Moi si vive, si expansive, je devins timide et douce, sensible à l'excès : un regard suffisait souvent pour me faire fondre en larmes; il fallait que personne ne s'occupât de moi; je ne pouvais souffrir la compagnie des étrangers et ne retrouvais la gaieté que dans l'intimité de la famille. Là je continuais à être entourée des délicatesses les plus grandes. Le cœur déjà si affectueux de notre père semblait enrichi d'un amour vraiment maternel, et je vous sentais ainsi, que Marie, devenues pour moi les mères les plus tendres, les plus désintéressées. »

Elle avoue très franchement qu'elle ne ressentit aucun chagrin en quittant Alençon. « D'ailleurs, ajoute-t-elle très justement, les enfants aiment le changement et ce qui sort de l'ordinaire. »

Elle allait vers du nouveau et vit avec plaisir Lisieux.

A son arrivée, son oncle et sa tante Guérin et ses petites cousines l'attendaient à leur maison. Elle fut réchauffée par cet accueil familial.

Le lendemain, prenant la grande route qui mène à Pont-l'Evêque et à Trouville, elle gravissait ensuite le raidillon qui monte à la villa des *Buissonnets,* « quartier solitaire, situé tout près de la belle promenade nommée jadis « jardin de l'Étoile ».

« La maison me parut charmante : un belvédère d'où la vue s'étendait au loin, le jardin anglais devant la façade, et, derrière la maison, un autre grand jardin. »

Et elle nous conte comment s'écoulait sa nouvelle vie.

Dès le réveil, après sa prière, elle prenait sa leçon de lecture. Dans la journée, au retour de la promenade, elle faisait ses devoirs, mais elle aimait surtout à cultiver les fleurs et elle en parait les autels qu'elle dressait dans un enfoncement du mur du jardin. Elle accompagnait son père, « son roi chéri, » à la pêche, mais se lassait vite de tendre la ligne et préférait s'asseoir à l'écart sur l'herbe. « Alors mes pensées devenaient bien profondes et, sans savoir ce que c'était que méditer, mon âme se plongeait dans une réelle oraison. J'écoutais les bruits lointains, le murmure du vent. Parfois la musique militaire de la ville m'envoyait quelques notes indécises et mélancolisait doucement mon cœur. La terre me semblait un lieu d'exil et je rêvais du ciel. »

Le ciel, cette enfant en a déjà la nostalgie.

« Je me rappelle, dit-elle, que le mot cieux fut le premier que je sus lire seule. » Un jour, le beau ciel bleu de la campagne se couvrit de nuages, l'orage éclata et elle vit tomber la foudre dans un pré voisin. « Loin d'en éprouver la moindre frayeur, je fus ravie ; il me sembla que le Bon Dieu était plus près de moi. »

« Le Bon Dieu, dit-elle en grandissant, je l'aimais de plus en plus et je lui donnais bien souvent mon cœur, me servant de la formule que maman m'avait apprise ; je m'efforçais de plaire à Jésus en toutes mes actions et je faisais grande attention à ne l'offenser jamais. »

Et les fêtes ! Que de souvenirs embaumés ce simple mot lui rappelait ! « Les fêtes, je les aimais tant ! Vous saviez si bien m'expliquer les mystères cachés dans chacune d'elles. Oui ces jours de la terre devenaient pour moi des jours du ciel. J'aimais surtout les processions du saint Sacrement. Quelle joie de semer des fleurs sous les pas du Bon Dieu ! Mais, avant de les y laisser tomber, je les lançais bien haut et je n'étais jamais aussi heureuse qu'en voyant mes roses effeuillées toucher l'ostensoir sacré. »

Si jeune, elle a déjà l'avant-goût de la vie céleste, et elle dit sa mélancolie au déclin de la journée du dimanche : « Mon bonheur était sans mélange jusqu'à *complies;* mais, à partir de cet office du soir, un sentiment de tristesse envahissait mon âme ; je pensais que, le lendemain, il faudrait recommencer la vie, travailler, apprendre des leçons, et mon cœur sentait l'exil de la terre, je soupirais après le repos du ciel, le dimanche sans couchant de la vraie patrie. »

Quand, à la nuit tombante, son père la ramenait de chez sa tante Guérin aux *Buissonnets,* son regard se tendait vers le firmament et elle contemplait les étoiles avec un ravissement inexprimable. Elle remarquait particulièrement avec délices le baudrier d'Orion, lui trouvant la forme d'un T. « Regarde, papa, disait-elle, mon nom est écrit dans le ciel. »

Lorsqu'elle eut six ans, elle fit sa première confession. Elle était alors si petite qu'elle avait dû se tenir debout dans le confessional. « J'en sortis, dit-elle, si contente et si légère, que jamais je n'avais senti autant de joie ! »

Cependant, pour l'instant, les pensées de Thérèse ne vont pas au delà de son amour de Jésus et de ses pratiques religieuses, car elle nous dit dans l'*Histoire d'une âme :*

« Toutes les après-midi j'allais faire avec

papa une petite promenade, visiter le saint Sacrement, un jour dans une église, le lendemain dans une autre. C'est ainsi que j'entrai pour la première fois dans la chapelle du Carmel. « Vois-tu, ma petite reine, me dit papa, « derrière cette grande grille il y a de saintes « religieuses qui prient toujours le Bon Dieu. » J'étais bien loin de penser que, neuf ans plus tard, je serais parmi elles; que là, dans ce Carmel béni, je recevrais de si grandes grâces ! »

Ce père qui l'initiait aux merveilles de la religion, elle le chérissait. « Non, je ne puis dire combien je l'aimais ! Tout en lui me causait de l'admiration. Quand il m'expliquait ses pensées sur des choses très sérieuses, — comme si j'avais été une grande fille, — je lui disais naïvement : « Bien sûr, papa, si tu par- « lais ainsi aux grands hommes du gouverne- « ment ils te prendraient pour te faire roi, « alors la France serait heureuse comme jamais « elle ne l'a été ; mais toi, tu serais malheureux, « puisque c'est le sort de tous les rois, et puis « tu ne serais plus mon roi à moi toute seule, « aussi j'aime mieux qu'ils ne te connaissent « pas. »

Vers sa septième année, Thérèse eut comme

une vision prophétique des épreuves de son père, lequel, huit ans après, devait être frappé d'attaques de paralysie qui atteignirent son intelligence et le conduisirent à la mort en 1894.

Voici comment elle conte cet événement mystérieux :

« Papa était en voyage et ne devait pas revenir de si tôt ; il pouvait être 2 ou 3 heures de l'après-midi : le soleil brillait d'un vif éclat et toute la nature semblait en fête. Je me trouvais seule à une fenêtre donnant sur le grand jardin, l'esprit tout occupé de pensées vivantes, quand je vis devant la buanderie, en face de moi, un homme vêtu absolument comme papa, ayant la même taille élevée et la même démarche, mais de plus très courbé et vieilli. Je dis vieilli pour dépeindre l'ensemble général de sa personne, car je ne voyais pas son visage, sa tête étant couverte d'un voile épais. Il s'avançait lentement d'un pas régulier, longeant mon petit jardin. Aussitôt, un sentiment de frayeur surnaturelle me saisit et j'appelai bien haut d'une voix tremblante : Papa ! papa !... Mais le mystérieux personnage ne semblait pas m'entendre ; il continua sa marche, sans même se détourner, et se dirigea ainsi vers un bouquet de sapins qui partageait l'allée principale du jardin. Je m'attendais à le voir reparaître de l'autre côté des grands arbres; mais la vision prophétique s'était évanouie. »

La vision prophétique! En effet, Thérèse garda la conviction, lorsque plus tard son père fut si gravement frappé, qu'elle avait entrevu, avant le temps, ce malheur.

*
* *

Cette vision troubla évidemment Thérèse; elle a désormais le sentiment des épreuves.

Elle grandit : elle a atteint ce qu'on appelle l'âge de raison, entre dans la vie et, comme tous, va connaître les premiers heurts.

Ce fut pour elle, raconte-t-elle, la période la plus douloureuse de son existence. « Période d'obscurcissement, » a déclaré sa sœur Céline, lorsqu'elle fit sa déposition au procès apostolique; « il y avait comme un voile jeté sur les qualités dont le Seigneur l'avait qualifiée... Dans le monde elle passait inaperçue. Ce qui donnait lieu à cet effacement, c'était surtout son excessive timidité qui la rendait hésitante et la paralysait en toutes choses. Il est vrai qu'elle prêtait parfois aux interprétations désavantageuses, ne disant presque rien et laissant toujours parler les autres. Elle souffrit à cette époque de maux de tête continuels; mais l'extrême sensibilité de son cœur et la délicatesse de ses sentiments furent la source la plus abondante de ses peines, qu'elle supportait d'ailleurs sans se plaindre... Elle pleurait à la moindre peine et, lorsqu'on l'avait consolée, elle pleurait d'avoir pleuré... »

Thérèse avait huit ans et demi lorsqu'elle remplaça, comme demi-pensionnaire, sa sœur Léonie à l'abbaye des Bénédictines de Lisieux, où elle devait rester près de cinq années. « Je fus placée, dit-elle, dans une classe d'élèves toutes plus grandes que moi. L'une d'elles, âgée de quatorze ans, était peu intelligente, mais savait cependant en imposer aux pensionnaires. Me voyant si jeune, presque toujours la première aux compositions et chérie de toutes les religieuses, elle en éprouva de la jalousie et me fit payer de mille manières mes petits succès. Avec ma nature timide et délicate, je ne savais pas me défendre et me contentais de pleurer sans rien dire... Je n'avais pas assez de vertu pour m'élever au-dessus de ces misères et mon pauvre petit cœur souffrait beaucoup. »

Et, en effet, elle souffrait de tout, de sa timidité, de l'excès de ses réflexions, de ne pas être la première toutes les fois et aussi peut-être d'une exagération dans le travail et d'un trop grand dédain des récréations.

« A treize ans, dit-elle, on fut obligé de me faire quitter la pension. »

Mais qu'étaient ces chagrins, ces difficultés, à côté de la douloureuse séparation qui vint briser son cœur, lorsque sa sœur Pauline, « sa petite mère, » la quitta pour se cloîtrer.

Un jour, elle entendit celle-ci parler avec Marie de son entrée au Carmel. « Je ne connaissais pas le Carmel, dit-elle, mais je comprenais qu'elle me quitterait pour entrer dans un couvent... En un instant la vie m'apparut dans toute sa réalité : remplie de souffrances et de séparations continuelles, et je versai des larmes bien amères. J'ignorais alors la joie du sacrifice. »

Mais Pauline la consola et lui expliqua la vie du cloître.

Alors sonna l'heure décisive de la vie de Thérèse.

Nous avons vu qu'à trois ans elle s'était dit

inconsciemment : « Moi aussi, je serai religieuse. » Cette fois-ci elle n'a encore que neuf ans, mais la volonté a remplacé l'intuition, car elle nous dit : « Et voilà qu'un soir, en repassant toute seule dans mon cœur le tableau que Pauline m'avait tracé du cloître, je sentis que le Carmel était le désert où le Bon Dieu voulait aussi me cacher. Je le sentis avec tant de force qu'il n'y eut pas le moindre doute dans mon esprit. Ce ne fut pas un rêve d'enfant qui se laisse entraîner, mais la certitude d'un appel divin. Cette impression que je ne puis rendre me laissa dans une grande paix. »

Et Thérèse ne perdit pas un instant; elle confia ses désirs à Pauline, puis à la Mère Marie de Gonzague, la prieure du Carmel. Celle-ci crut à sa vocation, mais lui fit entendre qu'on ne recevait pas de postulantes de neuf ans et qu'il lui fallait attendre ses seize ans.

Elle dut se résigner, mais fut lente à accepter le départ de Pauline. *L'Histoire d'une âme* raconte sa poignante douleur lorsque, le 2 octobre 1882, sa sœur chérie devint sœur Agnès de Jésus, et qu'elle fut séparée d'elle par les grilles du parloir! « Je me demandais, dit-elle, comment le soleil pouvait luire encore sur la terre! »

Et les lendemains furent encore plus pénibles. « J'avoue que je comptai pour rien les premières souffrances de la séparation en comparaison de celles qui suivirent. »

Elle est anéantie par cette pensée : « Pauline est perdue pour moi! » Et sa santé déjà ébranlée ne résista pas à cette épreuve.

La maladie devait durer près de six mois.

A la fin de l'année 1882, elle fut prise jusqu'à la fête de Pâques d'un mal de tête qui s'aggrava chaque jour. Des douleurs de plus en plus violentes et un tremblement étrange firent craindre pour sa vie. Le mal s'apaisa un moment et elle put assister à la prise d'habit de Pauline, cérémonie toujours impressionnante où elle vit sa sœur morte au monde, et étendue sur un tapis de bure entouré de fleurs. Mais, le lendemain, elle retomba si malade, « que, suivant les calculs humains, elle ne devait jamais guérir. »

Les médecins, étonnés, déconcertés, se déclaraient impuissants.

« Je ne sais, a dit Thérèse, comment décrire un mal aussi étrange : je disais des choses que je ne pensais pas, j'en faisais d'autres comme y étant forcée malgré moi ; presque toujours je paraissais en délire, et cependant je suis sûre de n'avoir pas été privée un seul instant de l'usage de ma raison. »

Et elle ajoute : « Quelles frayeurs le démon m'inspirait ! » Elle ne voit que précipices, qu'images terrifiantes, et, devant son père sanglotant, devant ses sœurs affolées, elle pousse des cris d'épouvante. « Ah ! mes chères petites sœurs, que je vous ai fait souffrir ! »

Dans les moments où le mal s'assoupissait, elle mettait sa joie à tresser des couronnes de pâquerettes et de myosotis pour la Vierge Marie, tandis que son père l'implorait pour la guérison de son enfant et demandait à Paris une neuvaine de messes au sanctuaire de Notre-Dame-des-Victoires.

Un dimanche, pendant la neuvaine, Thérèse appela à grands cris sa sœur Marie, qui accourut, mais, pour la première fois, elle ne la reconnut pas ; alors, avec ses sœurs, Marie s'agenouilla au pied de son lit et supplia la Vierge, dont la statue étendait près de la malade ses mains bénissantes, de lui garder la vie.

« Près de mourir de douleur, dit Thérèse, je m'étais aussi tournée vers ma Mère du ciel, la priant de tout mon cœur d'avoir enfin pitié de moi. »

Et tout à coup la statue s'anima.

« La Vierge Marie devint si belle, dit Thérèse, que jamais je ne trouverai d'expression pour rendre cette beauté divine. Son visage respirait une douceur, une bonté, une tendresse ineffables ; mais ce qui me pénétra jusqu'au fond de l'âme, ce fut son ravissant sourire. »

Alors toutes les peines de Thérèse s'évanouirent, deux grosses larmes jaillirent de ses paupières et coulèrent silencieusement. Elle reconnut sa sœur Marie ; elle était guérie, et jamais plus ses troubles nerveux ne reparurent.

Les témoins de cette céleste vision ont conté qu'à ce moment le visage de l'enfant, diaphane et transfiguré, était empreint d'une expression surnaturelle.

Mais, en cette vie, toute joie a son ombre. Thérèse confia sa vision à Marie, Marie la confia à la Mère Marie de Gonzague, qui la confia aux sœurs du Carmel. Thérèse avait perdu son secret et elle perdit en même temps son bonheur. « Mon Dieu, vous savez seul ce que j'ai souffert ! » Mais, pensa-t-elle, « la

Vierge Marie a permis ce tourment pour le bien de mon âme. »

Une fois guérie, Thérèse reprit sa vie ordinaire.

Au mois d'août, son père la mena quelques jours à Alençon et dans les environs chez des amis et, plus tard, à Deauville et à Trouville.

A dix ans elle commença, comme elle dit, « à connaître le monde. » — « Tout était joie, bonheur autour de moi, dit-elle de son premier voyage; j'étais fêtée, choyée, admirée; en un mot, ma vie, pendant quinze jours, ne fut semée que de fleurs. »

Elle ne cache pas que cette existence eut des charmes pour elle, et elle pense que Jésus voulut lui faire connaître le monde afin de la laisser choisir plus sûrement sa voie.

Le 2 juin 1884, Thérèse avait onze ans; elle pouvait donc, suivant les règlements d'alors, être admise à la sainte Table et elle fit sa première communion, le 8 mai de cette année, à l'abbaye des Bénédictines où elle demeura pensionnaire pendant la retraite.

« Ma première communion, dit-elle, me restera toujours comme un souvenir sans nuages. »

Quelle émotion, quand elle entra dans la chapelle au chant du cantique : *O saint Autel qu'environnent les anges!*

Au moment de la communion, elle dit à Jésus :

« Je vous aime, je me donne à vous pour toujours, » et elle fit son abandon dans les délices des larmes.

Puis, le soir du grand jour, en toute simplicité, elle écrivit sur son petit carnet les trois résolutions suivantes :

« Je ne me découragerai jamais.

« Je dirai tous les jours un *Souvenez-vous.*

« J'essayerai d'humilier mon orgueil. »

La confirmation suivit la première communion, le 14 juin.

Cette visite de l'Esprit-Saint, du consolateur, l'impressionna profondément. « Je ne pouvais comprendre, dit-elle avec beaucoup de raison, qu'on ne fît pas une plus grande attention à la réception de ce sacrement d'amour.

« ... En ce jour je reçus la force de souffrir. »

Durant sa retraite préparatoire, a dit sa sœur Céline, Thérèse, si calme d'ordinaire, n'était plus la même : une sorte d'enthousiasme et de sainte ivresse perçait dans son extérieur... Elle m'expliqua ce qu'elle comprenait de la vertu de ce sacrement et de la prise de possession de tout son être par l'Esprit d'amour. Il y avait dans ses paroles une telle véhémence, dans son regard une telle flamme que, moi-même, toute pénétrée d'une impression surnaturelle, je la quittai, profondément émue. »

*
* *

Les vacances passèrent et Thérèse reprit avec succès ses études religieuses et littéraires.

Médiocrement douée pour le calcul et aussi pour les arguties de la grammaire, elle réussissait en littérature et en histoire et se distinguait surtout au catéchisme. Son intelligence était étonnamment précise et sa mémoire très facile, quand il ne s'agissait pas de s'assimiler le mot à mot. Durant les récréations, elle discourait plus qu'elle ne courait et souvent sa maîtresse l'arrêtait dans ses histoires. Elle se heurta dans ses affections, soit vis-à-vis de ses compagnes, soit vis-à-vis de ses maîtresses. Elle connut les incompréhensions et elle vit la faiblesse des attachements humains et aussi leurs dangers. Alors, tendre et mélancolique, elle se retournait vers les petits oiseaux qui lui furent toujours fidèles, et ensevelissait *honorablement* dans le gazon ceux qui tombaient morts des grands arbres. Mais c'était surtout à la tribune de la chapelle qu'elle aimait à se réfugier et à méditer. Elle veut se donner à Jésus dans toute sa vertu.

« Pendant les retraites et ailleurs, dit-elle, j'ai entendu dire qu'il ne s'était pas rencontré une âme pure aimant plus qu'une âme repentante. Ah! que je voudrais faire mentir cette parole! »

On voit par là quel feu de perfection la consumait déjà, avant même qu'elle pénétrât dans le Carmel. Mais en vérité, elle prenait le chemin du cloître en ne cessant d'y penser. Remontant dans ses souvenirs, elle dit : « Je me souviens de ma première visite au Carmel après l'entrée de Pauline. Le matin de ce jour, je me demandais quel nom me serait donné plus tard. Je savais qu'il y avait une sœur Thérèse de Jésus; cependant mon beau nom de Thérèse ne pouvait m'être enlevé. Tout à coup je pensai au petit Jésus que j'aimais tant et je me dis : « Oh! que je serais heureuse de m'appeler Thérèse de l'Enfant-Jésus! »

Elle avait donc déjà choisi son nom, comme elle avait choisi sa voie, et elle savait, même au temps de sa première communion, comment elle suivrait cette voie. Elle se cacherait aux yeux des autres et à elle-même. « Il me fut révélé intérieurement, dit-elle, que ma gloire à moi ne paraîtrait jamais aux regards des mortels, mais qu'elle consisterait à devenir une sainte. »

Et elle ajoute : « Ce désir pourrait sembler téméraire, si l'on considère combien j'étais imparfaite et combien je le suis encore, après tant d'années passées en religion; cependant je sens toujours la même confiance audacieuse de devenir une grande sainte. »

Mais c'est par la souffrance que l'on arrive à la sainteté, et Thérèse devait continuer de subir les cruautés des séparations. Après celle de Pauline, celle de Marie. Le 15 octobre 1886, sa sœur aînée entrait aussi au Carmel de Lisieux et devenait Marie du Sacré-Cœur.

« Depuis le départ de Pauline, dit Thérèse, elle restait mon seul oracle, et je l'aimais tant, que je ne pouvais vivre sans sa douce compagnie... Aussitôt que j'appris sa détermination, je résolus de ne plus prendre aucun plaisir ici-bas... »

« Puis, dit-elle plus loin, ne pouvant plus lui confier mes tourments, je me tournai du côté des cieux. »

Je m'adressai à mes petits frères et à mes petites sœurs qui m'avaient précédée là-haut, pensant que ces âmes innocentes auraient pitié de leur pauvre petite sœur qui souffrait sur la terre. La réponse ne se fit pas attendre; bientôt la paix vint inonder mon âme de ses flots délicieux. »

CHAPITRE III

Transformation morale. — L'attirance du Carmel. Les obstacles.

« Le ciel me comblait de grâces, écrit Thérèse en entrant dans sa quatorzième année, mais j'étais loin de les mériter. »

Elle se désole de son excès de sensibilité qui la rend insupportable et provoque si souvent ses larmes, et elle se dit : « Comment donc osais-je espérer mon entrée prochaine au Carmel? »

Et voici que, dans la nuit de Noël de 1886, le miracle se produit. « En cette nuit bénie, la nuit de son âme se change en torrents de lumière. »

Comme il arrive tant de fois dans la vie, un grand effet naquit d'une petite cause.

Elle avait encore mis son soulier dans la cheminée. Son père, pour une fois impatienté, se laissa aller à dire : « Pour une grande fille comme Thérèse, c'est là une surprise trop enfantine; je l'espère, ce sera la dernière année. »

Sa sœur Céline s'attendait à la voir éclater en sanglots, mais, à sa grande surprise, Thérèse sourit; elle était enfin arrivée à se maîtriser; elle avait comprimé son cœur ou plutôt sa sensibilité : elle était sauvée. « La petite Thérèse, dit-elle, venait de retrouver pour toujours sa force d'âme, autrefois perdue à quatre ans et demi. »

Elle est dégagée de ses scrupules et de ses émotivités, et son cœur comme son intelligence se dilatent. L'occasion se présente d'affirmer sa force.

Elle entend parler alors d'un grand criminel, Pranzini, « condamné à mort pour des meurtres épouvantables et dont l'impénitence faisait craindre une éternelle damnation. »

« Je voulus, dit-elle, empêcher ce dernier et irrémédiable malheur. Afin d'y parvenir, j'employais tous les moyens spirituels imaginables; et, sachant que, de moi-même, je ne pouvais rien, j'offris pour sa rançon les mérites infinis de Notre-Seigneur et les trésors de la sainte Église. »

Puis elle fit cette prière :

« Mon Dieu, c'est mon premier pécheur; à cause de cela, je vous demande seulement un *signe* de repentir pour ma simple consolation. »

Le signe demandé fut obtenu. Entraîné vers la fatale bascule, Pranzini se retourna, saisit un crucifix que lui présentait le prêtre et baisa par trois fois ses plaies sacrées.

Thérèse le sut et fut dévorée du désir de sauver les âmes et de donner confiance aux plus coupables.

« Ah! disait-elle plus tard, quand même j'aurais sur la conscience tous les crimes qui se peuvent commettre, je ne perdrais rien de ma confiance; j'irais, le cœur brisé de repentir, me jeter dans les bras de mon Sauveur. Je sais qu'il chérit l'enfant prodigue, j'ai entendu ses paroles à sainte Madeleine, à la femme adultère, à la Samaritaine; non, personne ne pourrait m'effrayer, car je sais à quoi m'en tenir sur son amour et sa miséricorde. Je sais que toute cette multitude d'offenses s'abîmerait en un clin d'œil comme une goutte d'eau jetée dans un brasier ardent. »

Son cœur se dilatait et son intelligence prenait des ailes.

« J'avais, dit-elle, toujours aimé le grand,

le beau; à cette époque, je fus prise d'un désir extrême de savoir,... et j'acquis plus de connaissances en quelques mois que pendant toutes mes années d'études. »

Et, faisant retour sur elle-même, elle déclare qu'avec sa nature ardente, elle se trouvait au moment de sa vie le plus dangereux.

Alors elle alimente son esprit de fortes lectures, car elle ne fut pas la petite enfant béate qu'une fausse légende voudrait présenter.

Pour devenir l'enfant chérie du monde, elle fut une vierge simple, mais forte, compréhensive et courageuse.

Elle se nourrit, nous dit-elle, de ces paroles enflammées de l'Écriture : « Le Seigneur a vu que le temps était venu pour moi d'être aimée; il a fait alliance avec moi, et je suis devenue sienne; il a étendu sur moi son manteau; il m'a lavée dans ses parfums précieux; il m'a revêtue de robes étincelantes, me donnant des colliers et des parfums sans prix. Il m'a nourrie de la plus pure farine, de miel et d'huile en abondance. Alors je suis devenue belle à ses yeux, et il a fait de moi une puissante reine. »

Elle trouve cette pure farine dans l'*Imitation*. C'était le seul livre qui lui fît du bien, car elle n'a pas découvert alors les trésors cachés de l'Évangile ; enfin, avec Céline, qui, depuis Noël surtout, est devenue la confidente intime de ses pensées, elle réalise les paroles de saint Jean de la Croix dans son cantique spirituel :

« En suivant vos traces, ô mon bien-aimé, les jeunes filles parcourent légèrement le chemin. »

Son aspiration, elle la connaît bien maintenant, et, sans l'ombre d'une hésitation, c'est d'entrer au Carmel. Mais que d'obstacles avant de toucher le but! Son âge, l'acquiescement des supérieurs, l'autorisation des siens. Marie la trouve trop jeune, Céline souffrira de son départ; sans doute Pauline l'aidera, mais que dira son père?

Elle prend la résolution de lui confier son secret, le jour de la Pentecôte.

Au soleil couchant, elle le voit assis dans le jardin, contemplant les merveilles de la nature. Alors elle se met près de lui, appuie sa tête contre sa poitrine et lui dit tout.

Il pleura, discuta peu et consentit. Il fit plus. Comme le supérieur du Carmel, l'abbé Delatroëtte, avait mis son veto absolu à l'entrée de Thérèse au Carmel avant vingt et un ans, sauf approbation de Monseigneur, il offrit à sa fille de la conduire à Bayeux chez l'évêque.

Le père et l'enfant se mirent en route, le 31 octobre 1887. Thérèse, afin d'avoir l'air moins enfant, s'était relevé les cheveux que d'habitude elle portait flottants.

Les voyageurs furent reçus dans l'après-midi par Mgr Hugonin et son grand vicaire, l'abbé Révérony.

Thérèse parla et plaida sa cause. La réponse de l'évêque fut dilatoire, c'est-à-dire, pour le moment, défavorable. Mais c'est là que Thérèse fit la superbe déclaration de sa lointaine vocation. En effet, comme l'évêque lui demandait s'il y avait longtemps qu'elle désirait le Carmel :

« Oh ! oui, Monseigneur, bien longtemps.

— Voyons, reprit en riant M. Révérony, il ne peut toujours pas y avoir quinze ans de cela !

— C'est vrai, répondis-je, mais il n'y a pas beaucoup d'années à retrancher ; car j'ai désiré me donner au Bon Dieu dès l'âge de trois ans. »

CHAPITRE IV

Le voyage à Rome. — L'entrée au Carmel.

Un pèlerinage diocésain se préparait à partir pour Rome. M. Martin, qui avait toujours aimé les voyages, résolut de s'y joindre et d'y emmener Thérèse et Céline.

« Ce pèlerinage affermira votre vocation, » avait dit Mgr Hugonin à Thérèse, et il ajouta même cette parole d'espoir :

« La semaine prochaine, je vais aller à Lisieux ; je parlerai de vous à M. le supérieur, et certainement vous recevrez ma réponse en Italie. »

« Si la permission n'arrive pas, avait dit M. Martin, très ardent à soutenir sa petite reine, ma fille sera bien capable de la solliciter du pape lui-même. »

Par ailleurs, Thérèse nous dit que des personnes insuffisamment informées supposaient que son père avait entrepris ce voyage dans le but de changer ses idées de vie religieuse. Et elle ajoute : « Il y avait certainement de quoi ébranler une vocation mal affermie. » Mais par ailleurs elle dit : « Ce voyage m'a montré le néant de tout ce qui passe. »

En réalité, Thérèse n'était guère sortie du cercle restreint et plutôt austère des *Buissonnets*. Elle n'avait fait que quelques excursions à Alençon et à Trouville. Cette fois-ci elle voyait, sinon le monde, du moins un autre monde, soit parmi les pèlerins normands, soit à l'étranger.

Elle fut souvent étonnée, heurtée, troublée et même exposée. Les gens qui faisaient parade de leur titre la font sourire, les prêtres dont les âmes ne sont pas de pur cristal la surprennent. Toutes les tiédeurs l'affligent et l'inquiètent. Où donc est le sel de la terre? « O ma mère, dit-elle plus tard à sa sœur Pauline, c'est à nous, c'est au Carmel de conserver le sel de la terre ! »

*
* *

M. Martin et ses deux filles partirent de Lisieux, le 4 novembre, à 3 heures du matin.

Ils s'arrêtèrent à Paris, où Thérèse fit son pèlerinage à la basilique de Montmartre et à Notre-Dame-des-Victoires. « Là, dit-elle, la Vierge Marie me dit clairement que c'était bien elle qui m'avait souri et m'avait guérie. »

Puis elle traversa, non sans admiration, la Suisse, visita à Milan la cathédrale et eut plaisir à en faire l'ascension jusqu'au dernier clocheton ; elle fut surtout *ravie* du *Campo santo* et des statues allégoriques qui peuplent ce cimetière. Venise ne lui inspire que de la tristesse. Lorette la charme par sa simplicité et sa pauvreté.

En cheminant, elle regarde et écoute les gens. « Quelle intéressante étude que celle du monde, dit-elle, quand on est à la veille de le quitter ! »

En effet, sa pensée ne l'abandonne pas : entrer au Carmel, en obtenir l'autorisation. Enfin elle arriva à Rome « où elle croyait rencontrer la consolation et où elle trouva la croix ».

De la Ville éternelle, elle semble retenir peu de choses, ou du moins elle nous confie peu d'impressions, si ce n'est son émotion en voyant la campagne romaine, en pénétrant dans le Colisée, l'arène des martyrs, et en visitant les catacombes.

Sept jours après son arrivée, Léon XIII reçut le pèlerinage normand.

L'abbé Révérony, qui allait se tenir à la droite du pape, défendit aux pèlerins, qui défilaient pour recevoir sa bénédiction, de parler au Saint-Père.

Thérèse, déconcertée, interrogea du regard Céline. « Parle, » lui dit sa sœur. Alors elle n'hésita plus, et voici comment elle raconte son audience dans l'*Histoire d'une âme :*

« J'étais aux genoux du pape. Ayant baisé sa mule, il me présenta la main. Alors, levant vers lui mes yeux baignés de larmes, je le suppliai en ces termes :

« — Très Saint-Père, j'ai une grande grâce à vous demander! »

« Aussitôt, baissant la tête jusqu'à moi, son visage toucha presque le mien; on eût dit que ses yeux noirs et profonds voulaient me pénétrer jusqu'à l'intime de l'âme.

« — Très Saint-Père, répétai-je, en l'honneur de votre jubilé, permettez-moi d'entrer au Carmel à quinze ans. »

« M. le grand vicaire de Bayeux étonné et mécontent, reprit bientôt :

« — Très Saint-Père, c'est une enfant qui désire la vie du Carmel; mais les supérieurs examinent la question en ce moment.

« — Eh bien, mon enfant, me dit Sa Sainteté, faites ce que les supérieurs décideront. »

« Joignant alors les mains et les appuyant sur ses genoux, je tentai un dernier effort :

« — O Très Saint-Père, si vous disiez *oui*, tout le monde voudrait bien! »

« Il me regarda fixement et prononça ces mots en appuyant sur chaque syllabe, d'un ton pénétrant :

« — Allons... allons... vous entrerez, si le bon Dieu le veut. »

Thérèse allait parler encore, quand deux gardes nobles l'invitèrent à se lever, et, voyant que cela ne suffisait pas, ils l'enlevèrent.

La partie que l'enfant espérait gagner à Rome était perdue.

*
* *

L'épreuve était grande, mais Thérèse avait conscience d'avoir absolument fait tout ce qui dépendait d'elle pour répondre à l'appel de

Dieu, et elle ressentit, dit-elle, au fond du cœur une grande paix.

Elle nous conte peu de choses de la fin de son voyage.

Toute sa pensée est à Lisieux, et, quand son père lui propose un autre voyage à Jérusalem, elle se dit lasse des pèlerinages de la terre. « Je ne désirais plus que les beautés du ciel, et, pour les donner aux âmes, je voulais au plutôt devenir *prisonnière.* »

A peine revenue à Lisieux elle écrivit à Mgr Hugonin pour lui rappeler sa promesse, mais la fête de Noël arriva et la réponse ne vint pas.

Enfin, le 1er janvier 1888, elle eut ses étrennes relatives. Mère Marie de Gonzague lui écrivit qu'elle avait en main la réponse de Monseigneur, depuis le 28 décembre, fête des saints Innocents, que cette réponse autorisait son entrée immédiate au Carmel, cependant qu'elle était décidée à ne la recevoir qu'après le carême.

Elle souffrit beaucoup de ce long délai, mais du moins, pour que cette souffrance fût profitable, elle s'appliqua, durant ces trois mois, à briser sa volonté.

*
* *

Le lundi, 9 avril 1888, fut choisi pour son entrée au Carmel.

La veille au soir, dimanche de Quasimodo, Thérèse s'était assise pour la dernière fois à la table de famille.

Le matin du grand jour, elle donna un dernier regard aux *Buissonnets*, puis elle partit pour le couvent. Entourée de tous les siens, elle assista à la messe, communia et se dirigea vers la porte de clôture. « Mon cœur battait si violemment, que je me demandais si je n'allais pas mourir. Ah! quel instant! quelle agonie! Il faut l'avoir éprouvée pour la comprendre. »

A genoux, elle demanda sa bénédiction à son père, qui s'agenouilla de même et la bénit en pleurant, puis les portes du Carmel se refermèrent sur elle et elle put se dire : « Maintenant, je suis ici pour toujours! »

En réalisant son rêve, elle nous confie que son bonheur était calme ; elle jouissait de cette paix intime qui ne l'abandonna jamais, même au milieu des plus grandes épreuves.

« Averties de son jeune âge, a dit Pauline,

les sœurs croyaient voir une enfant; elles furent comme saisies de respect en sa présence, admirant son maintien si digne et si modeste, son air profond et résolu. »

« Dès son entrée, a déclaré la maîtresse des novices, elle se mit à tous ses devoirs avec une grâce charmante. »

CHAPITRE V

Neuf années de cloître. — Mort de Thérèse.

« Je suis venue au Carmel pour sauver les âmes et surtout afin de prier pour les prêtres, » déclara Thérèse dans l'examen solennel qui précéda sa profession.

Voilà le but.

« Jésus m'ayant fait comprendre qu'il me donnerait les âmes par la croix, plus je rencontrais de croix, plus mon attrait pour la souffrance augmentait. »

Voilà le moyen.

Toute la mission de Thérèse est contenue dans ces deux déclarations.

Avant de la suivre dans l'ascension de son âme, il convient d'achever l'histoire de sa vie.

*
* *

A peine entrée au couvent, elle eut la douleur de voir décliner la santé de son père.

Atteint par une première attaque de paralysie, il pliait peu à peu sous le poids du mal, et Thérèse avait été frappée de l'altération de son visage pendant le voyage de Rome. Il eut une seconde attaque; cependant il fut assez remis, le 10 janvier 1889, pour assister à la prise d'habit de son enfant.

Il l'attendait à la porte de la clôture. « Ah! s'écria-t-il, la voilà donc ma petite reine! » Et il lui offrit son bras. « Nous fîmes solennellement, dit Thérèse, notre entrée dans la chapelle. « Ses beaux cheveux blonds flottant sur ses épaules, Thérèse était exquise dans sa robe de velours blanc garnie de cygne et de point d'Alençon. Quant à son père, il était triomphant.

Marie et Pauline étaient déjà cloîtrées, Léonie entrait en religion, et Céline lui avait confié que, plus tard, elle abandonnerait également le monde pour le Carmel. Il avait fait à Dieu l'offrande de ses cinq enfants.

« Viens, dit-il magnifiquement à Thérèse, en la conduisant à l'autel, allons ensemble devant le saint Sacrement remercier le Seigneur des grâces qu'il accorde à notre famille et de l'honneur qu'il me fait de se choisir des épouses dans ma maison! »

Il ne devait revoir ses filles qu'une fois au parloir du Carmel ; visite de suprême adieu, car la paralysie devint générale et il s'éteignit le 29 juillet 1894.

*
* *

Après son année de noviciat, Thérèse espérait prononcer ses vœux, mais la supérieure du Carmel s'y opposa formellement et elle dut attendre encore huit mois. Que de fois, dans sa courte vie, on lui fit expier sa jeunesse !

Enfin, sa profession fut fixée au 8 septembre 1890.

Elle nous dit qu'en ce jour de ses noces divines, où elle se lia pour toujours, elle fut inondée d'un fleuve de paix qui surpassa tout sentiment.

Le 24 du même mois, eut lieu la cérémonie de sa prise de voile. Toujours pénétrée de ses affections terrestres, elle se faisait une joie de la présence de son père à cette fête, mais sa santé l'en retint éloigné. Thérèse pleura abondamment, puis se raffermit en acceptant l'épreuve. Elle écrivit à Céline : « Jésus a mis dans ma corbeille un joyau d'une beauté incomparable : ... Papa ne viendra pas. »

Thérèse était brûlée d'un désir alors difficilement réalisable : c'était l'entrée de Céline au Carmel de Lisieux. Et ce désir était double, car elle voulait à la fois et posséder sa sœur, et la soustraire au monde. Oh ! ce monde qu'elle avait si jeune entrevu, et qui lui avait paru si fade, à côté de la vie intense que ses vertus lui avaient révélée, comme elle en avait peur, peur pour cette sœur chérie, exposée à des dangers qu'elle même avait fuis !

Céline, de son côté, désirait vivement rejoindre Thérèse, surtout au lendemain de la mort de leur père ; mais, nous dit Thérèse, sans insister, les difficultés semblaient insurmontables, et ses affaires s'embrouillaient de plus en plus. Évidemment, il était peu aisé, et même contraire à l'esprit des monastères de l'Ordre, d'accepter dans le même couvent quatre membres d'une même famille, quatre sœurs, et l'on devine si les oppositions se manifestaient.

Mais les oppositions tombèrent et Céline fut reçue au Carmel, le 14 septembre 1894.

« Maintenant, écrit Thérèse, je n'ai plus aucun désir, si ce n'est d'aimer Jésus à la folie. »

*
* *

L'histoire à proprement parler de la vie de Thérèse se clôt ici : plus rien ne l'attache au dehors ; elle est confinée ou plutôt élargie dans la seule vie d'amour que nous examinerons plus loin. Suivons-la seulement rapidement dans ses quatre dernières années.

Ce fut le 3 avril 1896, dans la nuit du Jeudi au Vendredi saints, qu'elle entendit, selon l'expression évangélique qui vient sur ses lèvres, « l'arrivée de l'Époux. »

Écoutons son récit :

« Au carême de l'année dernière, je me trouvais plus forte que jamais, et cette force, malgré le jeûne que j'observais dans toute sa rigueur, se maintenait parfaitement jusqu'à Pâques, lorsque, le jour du Vendredi saint à la première heure, Jésus me donna l'espoir d'aller bientôt le rejoindre dans son beau ciel. Oh ! qu'il m'est doux ce souvenir !

« Le jeudi soir, n'ayant pas obtenu la permission de rester au Tombeau la nuit entière, je rentrai à minuit dans notre cellule. A peine ma tête se posait-elle sur l'oreiller, que je sentis un flot monter en bouillonnant jusqu'à mes lèvres ; je crus que j'allais mourir, et mon cœur se fendit de joie. Cependant, comme je venais d'éteindre notre petite lampe, je mortifiai ma curiosité jusqu'au matin et m'endormis paisiblement.

« A 5 heures, le signal du réveil étant donné, je pensai tout de suite que j'avais quelque chose d'heureux à apprendre ; et m'approchant, de la fenêtre, je le constatai bientôt en trouvant notre mouchoir rempli de sang. O ma Mère, quelle espérance! J'étais intimement persuadée que mon Bien-Aimé, en ce jour anniversaire de sa mort, me faisait entendre un premier appel, comme un doux et lointain murmure qui m'annonçait son heureuse arrivée.

« Ce fut avec une grande ferveur que j'assistai à Prime, puis au Chapitre. J'avais hâte d'être aux genoux de ma Mère pour lui confier mon bonheur. Je ne ressentais pas la moindre fatigue, la moindre souffrance, aussi j'obtins facilement la permission de finir mon carême comme je l'avais commencé, et, ce jour du Vendredi saint, je partageai toutes les austérités du Carmel sans aucun soulagement. Ah! jamais ces austérités ne m'avaient semblé aussi délicieuses... L'espoir d'aller au ciel me transportait d'allégresse.

« Le soir de cet heureux jour, je rentrai, pleine de joie, dans notre cellule et j'allais m'endormir doucement, lorsque mon bon Jésus me donna, comme la nuit précédente, le même signe de mon entrée prochaine dans la vie éternelle. »

Thérèse resta cependant encore sur la terre pendant plus de deux ans, après avoir connu l'épreuve de cruelles souffrances; mais, dans la suite de son récit, elle parle surtout des souffrances de son âme.

Elle ne se plaint qu'une fois de sa mauvaise santé, c'est quand elle ne peut répondre aux appels du Carmel de Saïgon. Elle aurait voulu aller à Hanoï pour sacrifier son bonheur de Lisieux, pour être « une inconnue dans un monastère où elle aurait à souffrir l'exil du cœur. »

« Mais maintenant, dit-elle simplement, je suis malade et je ne guérirai pas. »

Si elle ne put aller en mission, elle eut du moins la consolation d'aider puissamment deux missionnaires.

Avec quelle grâce est contée sa première fraternité spirituelle.

« Ce fut notre Mère Sainte-Thérèse qui m'envoya pour bouquet de fête, en 1895, mon premier frère. C'était un jour de lessive, j'étais bien occupée de mon travail, lorsque Mère Agnès de Jésus, alors prieure, me prit à l'écart et me lut une lettre d'un jeune séminariste, lequel, inspiré, disait-il, par sainte Thérèse, demandait une sœur qui se dévouât spécialement à son salut et au salut des âmes dont il s'occuperait dans la suite ; il promettait d'avoir toujours un souvenir pour celle qui deviendrait sa sœur, quand il pourrait offrir le saint Sacrifice. Et je fus choisie pour devenir la sœur de ce futur missionnaire. »

Ce choix donna un grand bonheur à Thérèse et la remplit d'une joie qu'elle qualifia d'enfantine, en ce sens, dit-elle profondément, qu'il lui fallut remonter jusqu'aux jours de son enfance pour trouver le souvenir de ces joies si vives que l'âme est trop petite pour les contenir... « Je sentis que, de ce côté, mon âme était neuve, comme si l'on eût touché en elle des cordes musicales restées jusque-là dans l'oubli. »

Et elle se mit à l'œuvre, et écrivit de temps à autre quelques lettres à son nouveau frère.

Ce premier frère était le Père Bellière, des Pères Blancs, qui revint mourir en Normandie en 1907 des suites de la maladie du sommeil dont il avait contracté le germe en Afrique australe.

En juin 1896, la Mère Marie de Gonzague lui donna un second frère, le Père Roulland, des Missions étrangères, qui, après avoir passé douze années en Chine au Se Tchouen, a été depuis rappelé en France.

En recevant cette nouvelle mission spirituelle, Thérèse fit la réflexion qu'ayant déjà offert ses pauvres mérites pour un futur apôtre, elle croyait ne pouvoir le faire encore aux intentions d'un autre, et la prieure lui répondit simplement que son obéissance doublerait ses mérites.

Parmi les prêtres auxquels elle pensa toujours, estimant que c'est la mission d'une carmélite de prier et de souffrir pour eux, elle faisait une large part aux missionnaires. Sa nature ardente l'entraînait vers ces apôtres de la foi dans leur pénible et ingrate carrière, et elle marqua une prédilection pour un jeune missionnaire martyrisé au Tonkin, le bienheureux Théophane Vénard, dont elle avait lu la vie avec ravissement. « Je l'aime, expliquait-elle, parce que c'est un petit saint tout simple, qui chérissait la sainte Vierge, qui aimait beaucoup sa famille et surtout qui vivait dans un amoureux abandon à Dieu... »

Et elle dit une autre fois : « On lit dans la

vie de certains saints qu'ils étaient graves et austères, même en récréation... Ceux-là m'attirent moins que Théophane Vénard, qui était gai toujours et partout. »

*
* *

Pour soutenir les âmes et particulièrement celles des prêtres, Thérèse avait fait, en la fête de la Trinité, le 9 juin 1895, « un acte d'offrande comme victime d'holocauste à l'amour miséricordieux du Bon Dieu. »

Elle voulait satisfaire la justice de Dieu, et elle se livra.

« O Jésus, disait-elle, que ce soit moi cette heureuse victime ; consumez votre petite hostie par le feu du divin amour. »

Mais toujours petite, simple et obéissante, avant de fixer en termes définitifs son acte de donation, que l'on trouva après sa mort dans le livre des Évangiles qu'elle portait nuit et jour sur son cœur, elle le soumit à l'agrément de la prieure d'alors, Mère Agnès de Jésus, et ensuite au Père Lemonnier, des missionnaires de la Délivrande, qui était venu prêcher une retraite au Carmel. Il trouva la déclaration orthodoxe et ne suggéra aucune modification.

« O mon Dieu, Trinité bienheureuse, je

désire vous aimer et vous faire aimer, travailler à la glorification de la sainte Église en sauvant les âmes qui sont sur la terre et en délivrant celles qui souffrent dans le purgatoire Je désire accomplir parfaitement votre volonté et arriver au degré de gloire que vous m'avez préparé dans votre royaume; en un mot, je désire être sainte; mais je sens mon impuissance et je vous demande, ô mon Dieu, d'être vous-même ma sainteté.

« Puisque vous m'avez aimée jusqu'à me donner votre Fils unique pour être mon Sauveur et mon Époux, les trésors infinis de ses mérites sont à moi; je vous les offre avec bonheur, vous suppliant de ne me regarder qu'à travers la face de Jésus, et dans son cœur brûlant d'amour.

« Je vous offre encore tous les mérites des saints qui sont au ciel et sur la terre, leurs actes d'amour et ceux des saints anges; enfin, je vous offre, ô bienheureuse Trinité, l'amour de la sainte Vierge, ma mère chérie; c'est à elle que j'abandonne mon offrande, la priant de vous la présenter.

« Son divin Fils, mon Époux bien-aimé, aux jours de sa vie mortelle, nous a dit : « Tout ce que vous demanderez à mon

« Père en mon nom, il vous le donnera. » (Jean, XVI, 23.) Je suis donc certaine que vous exaucerez mes désirs. Je le sais, ô mon Dieu, plus vous voulez donner, plus vous faites désirer.

« Je sens en mon cœur des désirs immenses, et c'est avec confiance que je vous demande de venir prendre possession de mon âme. Ah! je ne puis recevoir la sainte communion aussi souvent que je le désire; mais, Seigneur, n'êtes-vous pas tout-puissant? Restez en moi comme au tabernacle; ne vous éloignez jamais de votre petite hostie.

« Je voudrais vous consoler de l'ingratitude des méchants, et je vous supplie de m'ôter la liberté de vous déplaire! Si, par faiblesse, je viens à tomber, qu'aussitôt votre divin regard purifie mon âme, consumant toutes mes imperfections, comme le feu qui transforme toute chose en lui-même.

« Je vous remercie, ô mon Dieu, de toutes les grâces que vous m'avez accordées, en particulier de m'avoir fait passer par le creuset de la souffrance. C'est avec joie que je vous contemplerai au dernier jour, portant le sceptre de la croix. Puisque vous avez daigné me donner en partage cette croix si précieuse, j'espère au ciel vous ressembler et voir briller sur mon corps glorifié les sacrés stigmates de votre Passion.

« Après l'exil de la terre, j'espère aller jouir de vous dans la Patrie; mais je ne veux pas amasser des mérites pour le ciel; je veux travailler pour votre seul amour, dans l'unique but de vous faire plaisir, de consoler votre cœur sacré et de sauver les âmes qui vous aimeront éternellement.

« Au soir de cette vie, je paraîtrai devant vous, les mains vides, car je ne vous demande pas, Seigneur, de compter mes œuvres... *Toutes nos justices ont des taches à vos yeux.* Je vais donc me revêtir de votre justice et recevoir de votre amour la possession éternelle de vous-même. Je ne veux point d'autre trône et d'autre couronne que vous, ô mon Bien-Aimé.

« A vos yeux, le temps n'est rien, un seul jour est comme mille ans. Vous pouvez donc, en un instant, me préparer à paraître devant vous.

« Afin de vivre dans un acte de parfait amour, *je m'offre comme victime d'holocauste à votre amour miséricordieux,* vous suppliant de me consumer sans cesse, laissant déborder en mon âme les flots de tendresse infinie qui sont renfermés en vous et qu'ainsi je devienne martyre de votre amour, ô mon Dieu.

« Que ce martyre, après m'avoir préparée à paraître devant vous, me fasse enfin mourir et que mon âme s'élance sans retard dans l'éternel embrassement de votre miséricordieux amour !

« Je veux, ô mon Bien-Aimé, à chaque battement de mon cœur, vous renouveler cette offrande un nombre infini de fois, jusqu'à ce que, *les ombres s'étant évanouies*, je puisse vous redire mon amour dans un face à face éternel !

« MARIE-FRANÇOISE-THÉRÈSE DE L'ENFANT-JÉSUS
« ET DE LA SAINTE-FACE,
« RELIGIEUSE CARMÉLITE INDIGNE. »

Cette ineffable consécration fut suivie d'une grâce que Thérèse conte ainsi :

« Quelques jours après mon offrande à l'amour miséricordieux, je commençais au chœur l'exercice du chemin de la croix, lorsque je me sentis tout à coup blessée d'un trait de feu si ardent que je pensai mourir. Je ne sais comment expliquer ce transport ; il n'y a pas de comparaison qui puisse faire comprendre l'intensité de cette flamme. Il me semblait qu'une force invisible me plongeait tout entière dans le feu. Oh ! quel feu ! Quelle douceur ! »

« Le jour même où la Sainte reçut cette grâce, raconte un de ses biographes, elle la confia à Mère Agnès de Jésus, alors prieure. Celle-ci ne parut point prêter à cette communication une attention spéciale et Thérèse n'en reparla plus. »

Elle n'en fit pas même mention dans le manuscrit de son autobiographie et garda un silence absolu à ce sujet. C'est seulement le 7 juillet 1897 que Mère Agnès de Jésus la questionna de nouveau sur ce phénomène.

Elle répondit :

« Ma Mère, j'ai eu plusieurs transports d'amour, particulièrement une fois, pendant mon noviciat, où je restai une semaine entière loin de ce monde. Je ne puis exprimer cela. J'agissais, me semble-t-il, avec un corps d'emprunt ; il y avait comme un voile jeté pour moi sur toutes les choses de la terre. Mais je n'étais pas brûlée d'une réelle flamme, je pouvais supporter ces délices sans espérer de voir mes liens se briser sous leur poids, tandis que, le jour dont je parle, une minute, une seconde de plus, mon âme se séparait du corps... Hélas ! je me retrouvai sur la terre et la sécheresse immédiatement revint habiter mon cœur. »

*
* *

Chaque jour Thérèse demandait au ciel que son martyre d'amour, « après l'avoir préparée à paraître devant Dieu, » la fît enfin mourir.

Ses vœux allaient être remplis.

En ce Vendredi saint de 1896, qui avait apporté à la Sainte le gage de son prochain départ pour le ciel, la Mère Prieure en charge était la Mère Marie de Gonzague, récemment réélue.

Trompée, nous dit-on, par l'énergie de Thérèse, elle ne crut pas d'abord à la gravité de l'accident, et la malade continua de suivre sans allègement toutes les austères pratiques de la règle. On l'employa, dans l'intervalle des longs offices du Vendredi saint, à nettoyer des fenêtres au couvent. Elle cacha son état à ses sœurs, et sa pâleur et sa mine défaillante ne leur révélèrent rien. Ce fut seulement sa toux sèche et opiniâtre que rien ne parvenait à calmer qui donna les premières inquiétudes.

Les docteurs cependant ne remarquaient encore rien d'alarmant, et il semble que les imprévoyances humaines devaient servir au triomphe de la souffrance chez la Sainte. Thérèse subit d'ailleurs, presque souriante, les plus durs traitements, plus pénibles encore que son mal.

Après une accalmie durant laquelle la toux cessa, une grave rechute raviva les inquiétudes. Les forces de la malade s'épuisèrent durant l'hiver de 1897, et le docteur de Cornière, ébranlé dans ses espoirs, disait : « Je ne pourrai pas la guérir ; cette âme d'ailleurs n'est pas faite pour la terre. » A la fin du carême de 1897 se déclarèrent des symptômes encore plus graves. Cependant la Mère Marie de Gonzague, habituée à voir cette enfant porter vaillamment la souffrance, la laissa suivre tous les exercices de la communauté. On vit l'héroïque carmélite, obligée de regagner parfois sa cellule, s'arrêter à chaque marche de l'escalier pour reprendre haleine et arriver près de son lit dans un tel état d'épuisement qu'il lui fallait une heure pour se déshabiller. C'est ensuite sur sa dure et étroite paillasse, enveloppée de ses deux pauvres couvertures, qu'elle devait attendre, presque toujours dans une agitation fébrile, le retour de l'aube avec la perspective d'un nouveau labeur.

Aux derniers jours de mai, elle eut quelques moments de douce paix et même de joie tranquille ; mais, au cours de la première quinzaine de juin, il y eut recrudescence du mal. Elle insista cependant pour qu'on ne la transportât pas à l'infirmerie. « Ici on ne m'entend pas tousser et je ne dérange personne. »

Elle descendait encore au jardin afin de demander au soleil printanier un peu de réconfort, et elle continuait de travailler; elle peignait et elle encourageait ses novices.

Cependant sa faiblesse croissait. Persuadée que le terme n'était pas loin, elle profita, le 4 juin, de la présence de ses trois sœurs dans sa cellule pour leur faire ses adieux :

« O mes petites sœurs, leur dit-elle, que je suis heureuse! Je vois que je vais bientôt mourir, j'en suis sûre maintenant.

« Ne vouz étonnez pas si je ne vous apparais pas après ma mort, et si vous ne voyez rien d'extraordinaire qui révèle mon bonheur. Vous vous rappellerez que c'était ma « petite voie » de ne rien désirer de semblable. »

C'est alors qu'elle dit le mot célèbre. A sœur Marie du Sacré-Cœur, qui lui disait : « Quelle peine nous aurons après votre mort!

— Oh! non, répliqua-t-elle joyeusement : vous verrez : *ce sera comme une pluie de roses*. »

C'est la promesse de cette pluie de roses,

promesse réalisée, qui a fait dans le monde la renommée de Thérèse. Les roses sont les grâces temporelles unies ici-bas aux grâces spirituelles, car cette enfant qui vécut si peu a dit avec infiniment de grandeur : « Nous n'avons que cette vie pour vivre de foi! »

Le 4 juillet, un nouveau crachement de sang fit concevoir les plus vives alarmes,... et, dans la crainte de nouvelles hémorragies qui pouvaient l'emporter soudainement, on crut devoir la descendre à l'infirmerie.

En quittant sa cellule, elle eut un serrement de cœur. « J'y ai beaucoup souffert; j'aurais été heureuse d'y mourir. »

A l'infirmerie elle eut encore un entretien intime avec ses sœurs.

« Vous nous regarderez du haut du ciel, disaient-elles.

— Non, *je descendrai.* »

Et elle fit à Mère Agnès cette annonce prophétique :

« Ma mission va commencer. *Je veux passer mon ciel à faire du bien sur la terre.* »

Puis elle écrivit des lettres, des lettres admirables à ses deux frères d'adoption, ses frères missionnaires, et aussi elle dit ses adieux aux membres de sa famille.

A la fin de juillet, elle fut si mal qu'on jugea le moment venu de l'administrer, et cependant elle devait subir encore un martyre de deux mois !

Elle fut accablée par l'agonie morale et l'agonie physique ; et, assaillie par l'esprit des ténèbres, elle disait :

« Oh ! comme il faut prier pour les agonisants ! Si l'on savait ! »

Son oppression devint effrayante. Elle suffoquait, et elle redit encore :

« Mes petites sœurs, priez pour les pauvres malades à la mort. Si vous saviez ce qui se passe ! Comme il faudrait peu de chose pour perdre patience ! Il faudrait être charitable pour n'importe lesquels ! »

Le médecin disait avec admiration à la Mère Prieure : « Ah ! si vous saviez ce qu'elle endure ! Jamais je n'ai vu souffrir avec une semblable expression de joie surnaturelle. C'est un ange ! »

Et, en plus, elle éprouvait toutes les souffrances secrètes. Sa grande intelligence posait forcément devant son esprit le grave problème qui trouble les cœurs les plus croyants. « Qu'est-ce que cette séparation mystérieuse de l'âme et du corps ? » Puis, comme étonnée de son audace, elle ajoutait : « C'est la première fois que j'ai éprouvé cela; mais je me suis aussitôt abandonnée au Bon Dieu. »

Vaincue par le mal, à chaque aspiration douloureuse, elle gémissait : « Je souffre! je souffre! » Alors elle dit à sa garde-malade : « Chaque fois que je dirai : « Je souffre, » « vous répondrez : « Tant mieux! »

Mais bientôt elle ne put plus articuler une parole.

Une des dernières joies de cette enfant qui avait tant aimé la nature fut la visite d'un petit rouge-gorge qui, entré par la fenêtre, dans un rayon de soleil, vint gentiment sauter sur son lit.

Le 29 septembre, dès le matin, un râle douloureux sembla présager la fin et, vers midi, la mourante dit à sa prieure :

« Ma Mère, est-ce l'agonie?... Comment vais-je faire pour mourir?... »

Le docteur vint. Après son départ, elle interrogea la Mère Marie de Gonzague.

« Est-ce aujourd'hui, ma Mère?

— Oui, » dit la prieure.

Cependant la Sainte dut passer ici-bas une dernière nuit.

C'est le 30 septembre qu'arriva la délivrance. Regardant la Vierge du sourire placée en face de son lit, et joignant les mains, Thérèse dit :

« C'est l'agonie toute pure, sans aucun mélange de consolation. »

La fièvre la dévorait.

« Ah! gémissait-elle, si c'est là l'agonie, qu'est-ce donc que la mort? »

Puis s'abandonnant à Dieu :

« Oui, mon Dieu, tout ce que vous voudrez, mais ayez pitié de moi! »

A 2 heures et demie elle se redressa sur son lit, ce qu'elle n'avait pu faire depuis plusieurs semaines, et s'écria :

« Ma Mère, le calice est plein jusqu'au bord. Non, je n'aurais jamais cru qu'il fût possible de tant souffrir... Je ne puis m'expliquer cela que par mon désir extrême de sauver les âmes. »

Et ensuite, elle voulut affirmer sa vie :

« Je ne me repens pas de m'être livrée à l'amour. »

A 4 heures et demie, les symptômes du dernier combat se manifestèrent. La sainte mourante vit entrer la communauté; elle la remercia par le plus gracieux sourire et donna un regard d'une tendresse infinie à Céline, qui venait de déposer sur ses lèvres desséchées un petit morceau de glace.

A 7 heures, se tournant vers la Mère Prieure, elle lui dit :

« Ma Mère, n'est-ce pas l'agonie?... Ne vais-je pas mourir?

— Oui, mon enfant, c'est l'agonie, mais Jésus veut peut-être la prolonger de quelques heures...

— Eh bien... allons... allons, oh! je ne voudrais pas moins souffrir! »

Puis, regardant son crucifix :

« Oh! je l'aime!... Mon Dieu, je... vous... aime! »

Ce furent ses dernières paroles. Elle venait à peine de les prononcer qu'elle s'affaissa tout à coup, la tête penchée à droite.

Mais soudain elle se releva, comme appelée par une voix mystérieuse. Elle ouvrit les yeux et les fixa, brillants de paix céleste et d'un bonheur indicible, un peu au-dessus de la statue de la Vierge placée devant son lit.

« Ce regard se prolongea l'espace d'un *Credo*, ont dit ses compagnes, et son âme séraphique s'envola dans les cieux. »

DEUXIÈME PARTIE

L'Histoire de l'Ame de Thérèse

CHAPITRE PREMIER

Souffrances physiques et morales.

A l'examen de cette courte vie de Thérèse Martin, bien des gens se diront : « Voilà une enfant vraiment exemplaire et plus qu'exemplaire. Elle était née parmi les heureux du monde, dans la meilleure des familles, et la nature l'avait richement dotée, au physique comme au moral. Agréable, intelligente, artiste, avec des tendances impérieuses, capricieuses, orgueilleuses et même coquettes, sa nature foncièrement honnête et franche, son cœur aimant, sa piété et son avidité de perfection avaient transformé ses défauts en vertus, au point qu'elle voulut, toute jeune, se cacher dans le cloître, ne vivre que pour le ciel et offrir ses sacrifices pour le salut des âmes. Elle souffrit sans doute beaucoup physiquement et moralement, et son agonie fut un calvaire. Elle mérite en tous points notre sympathie admirative ; mais, en vérité, qu'a-t-elle donc fait de spécial pour être glorieusement cataloguée parmi les saints? Quels miracles a-t-elle accomplis de son vivant, de quelles extases a-t-elle été favorisée? N'y a-t-il pas eu, en même temps qu'elle, d'autres carmélites ignorées qui ont fait les mêmes renoncements, qui ont passé au moins par les mêmes souffrances et qui ne sont pas mises sur les autels? Pourquoi la petite sœur Thérèse a-t-elle conquis sa gloire auréolée? pourquoi est-elle devenue l'enfant chérie du monde? »

Il est bien délicat de répondre à cette question, et cependant c'est elle qui met en éveil les esprits sur le prodige accompli, le prodige de la canonisation, avant les temps révolus, d'une humble petite religieuse, moissonnée alors qu'elle était encore à peine épanouie dans sa fleur, alors que, de son vivant, son merveilleux parfum a presque été ignoré des moniales qui vivaient à ses côtés.

Il y a là un mystère, une source cachée, si enfouie dans les profondeurs secrètes de l'humilité, qu'on ne peut les pénétrer qu'en les regardant de très près ou plutôt en devinant des immolations constantes, et aussi en se rapprochant de la simplicité et de la sublimité de la doctrine évangélique.

Sans doute, l'*Histoire d'une âme,* écrite par Thérèse elle-même, l'a révélée au monde, et les miracles dus à l'invocation de sa protection ont étendu et étendent chaque jour sa renommée, mais ce qui l'a distinguée de tant d'autres de ses saintes compagnes, c'est qu'elle a tracé ou plutôt retracé pour les âmes une petite voie bien effacée, *la voie d'enfance spirituelle.*

C'est par cette voie qu'elle a voulu arriver à la sainteté et qu'elle y est arrivée.

Mais elle n'a pu l'atteindre que par les épreuves, et par des épreuves recherchées et supportées jusqu'à *l'héroïcité.*

Examinons les épreuves et les consolations de Thérèse, mais les consolations dans la souffrance, car elle souffrit sans répit, et nous comprendrons mieux ensuite la sublimité *de sa petite voie,* et la suprême récompense donnée par l'Église à sa vertu.

*
* *

Il convient d'abord de rappeler que Thérèse Martin abandonna tous les avantages que lui avait prodigués la fortune : famille excellente, aisance, charme, goûts artistiques, indépendance d'esprit. Elle était très jolie et ne s'en prévalut pas.

Une de ses maîtresses m'a confié que ce qui l'avait le plus frappée, quand elle l'avait vue arriver à l'abbaye bénédictine de Lisieux, c'était son air majestueux, sa distinction, la grâce de sa démarche, on pouvait même dire son allure aristocratique. Les uns assurent qu'elle était très belle, d'autres que sa physionomie était séduisante; je crois que ce qu'il convient le mieux de dire est que son visage, un peu irrégulier, rayonnait de charme. Elle avait, sous des sourcils très droits, deux grands yeux pers, un teint de lis qu'encadrait une chevelure dorée et vaporeuse. Le peuple disait : « Elle est céleste! »

Parmi ses portraits publiés par les annales de Lisieux, deux sont significatifs. Dans le premier, pris quelques jours avant son entrée au Carmel, elle a les cheveux relevés, elle se tient droite et décidée, regardant bien en face. Son menton est volontaire, l'énigme d'un sourire passe sur ses lèvres expressives. Ce n'est plus l'enfant rieuse et insouciante, c'est une jeune fille réfléchie. L'autre, le dernier, la représente, quatre mois avant sa mort, à genoux, soutenant de ses mains amaigries l'image de l'Enfant Jésus et de la sainte Face. Le visage, travaillé par la souffrance, a pris de la gravité et de la beauté. Le regard est profond, la bouche paraît marquer un mutisme voulu. On se sent en face d'un grand caractère. La petite sœur Thérèse s'y révèle comme une femme supérieure.

*
* *

Avant de suivre, ligne à ligne, les confidences de Thérèse dans l'*Histoire d'une âme*, il importe de rappeler comment a été écrit ce livre répandu aujourd'hui dans le monde entier, tiré à cinq cent mille exemplaires et traduit en trente-cinq langues.

Il jaillit, si l'on peut dire, aux derniers jours de l'année 1894, d'une conversation entre les trois sœurs, Marie, Pauline et Thérèse.

Celle-ci contait les souvenirs de sa jeunesse avec tant de charme que Marie dit à Pauline, alors prieure : « Vous devriez lui commander d'écrire ses souvenirs d'enfance. »

Thérèse n'y était pas très disposée, craignant « de dissiper son cœur ». Et elle persista dans ce sentiment; car, plus tard, à une religieuse qui lui confiait sa pensée d'écrire l'histoire de sa vocation, elle disait : « Le souvenir des grâces reçues vous fera plus de bien si vous vous bornez à le repasser dans votre mémoire que si vous le confiez au papier. » Néanmoins, sa sœur lui ayant donné l'ordre de faire ce travail, elle obéit et promit de le lui apporter, le 20 janvier 1896, jour de sa fête.

Elle prit un petit cahier de deux sous et, de son écriture régulière et classique, d'un seul jet et sans plan, elle se raconta, au fil de ses souvenirs. Ce fut plus tard le Père Godefroy Madeleine, prémontré, qui divisa l'œuvre en chapitres. « Vous m'avez ordonné, ma petite mère, dit-elle, d'écrire, sans contrainte, ce qui me viendrait naturellement à la pensée. Ce n'est donc pas ma vie proprement dite que vous trouverez dans ces pages, ce sont *mes pensées* sur les grâces que Notre-Seigneur a daigné m'accorder. »

Les huit premiers chapitres furent achevés à la date fixée, le jour de la Sainte-Agnès.

« Alors, nous dit le Père Petitot, dans son livre sur sainte Thérèse de Lisieux, entrant au chœur des religieuses pour l'oraison du soir, Sœur Thérèse vint remettre à genoux à la prieure le récit commandé. Mère Agnès de Jésus, qui touchait alors au terme de son priorat et dont tous les instants étaient absorbés par des soins multiples, posa distraitement le cahier sur l'appui de sa stalle, l'emporta dans sa cellule et le classa. Quelques jours plus tard, les sœurs eurent à élire de nouveau une prieure... Mère Agnès de Jésus (que remplaça Mère Marie de Gonzague) avait été assez occupée par ces changements pour oublier complètement le manuscrit auquel elle n'attachait pas autrement d'importance, et Sœur Thérèse (détachée de toutes choses et ne cherchant que la paix et l'oubli) se gardait d'y faire la moindre allusion. On était aussi éloigné que possible de songer à la publication d'un chef-d'œuvre. Deux mois se passèrent de la sorte. Mère Agnès de Jésus, redevenue simple religieuse, disposant de loisirs plus nombreux, retrouva le manuscrit, le lut, fut édifiée autant que charmée et en donna communication à ses sœurs. »

Mais ce manuscrit parut cependant incomplet à la Mère Agnès, Sœur Thérèse n'ayant presque rien écrit sur sa vie religieuse. Alors, le soir du 2 juin 1897, voyant sa sœur très malade, Mère Agnès alla trouver Mère Marie de Gonzague et lui demanda d'ordonner à Sœur Thérèse de continuer son récit.

La Mère Marie de Gonzague ordonna et Thérèse obéit, si faible qu'elle fût. On l'installa dans une sorte de long fauteuil voiturette, qu'on roulait dans le jardin jusqu'à l'allée des marronniers. C'est là qu'au fort de l'été de 1897 elle rédigea, en l'espace d'un mois environ, les chapitres neuvième et dixième de l'*Histoire d'une âme*, adressée à sa prieure.

Après quoi, épuisée, mourante, la plume lui tomba des mains, ou plutôt le crayon, car elle était à ce point exténuée qu'elle n'avait plus la force de tremper fréquemment la plume dans l'encrier.

Le chapitre onzième a été écrit en 1896, neuf mois avant les deux précédents. Marie avait demandé à Thérèse de lui laisser un souvenir en lui exposant par écrit ce qu'elle entendait par « sa petite voie spirituelle », et, avec l'autorisation de la Mère prieure, Thérèse s'était rendue à ce désir.

Le chapitre douzième a été composé par les religieuses carmélites, témoins des vertus et de la mort de la Sainte.

Ainsi fut composée l'*Histoire d'une âme.*

*
* *

Qu'était le Carmel de Lisieux où allait entrer Thérèse.

Il importe de dire que ce monastère prédestiné, fondé cinquante-trois ans auparavant, le 18 décembre 1835, eut des débuts héroïques.

Deux jeunes filles de Pont-Audemer, du diocèse d'Évreux, Mlles Gosselin, qui voulaient se consacrer à la vie religieuse et désiraient fonder un Carmel, en avaient reçu l'autorisation en 1835 de Mgr Dancel, évêque de Bayeux et de Lisieux.

Après beaucoup de démarches et de sollicitations diverses, elles obtinrent du Carmel de Poitiers, où elles prirent elles-mêmes l'habit, que deux religieuses professes vinssent avec elles à Lisieux jeter les bases de la nouvelle communauté.

Le 16 mars 1838, six carmélites professes, novices et tourières, arrivèrent à Lisieux et s'installèrent dans une pauvre chaumière qui s'élevait sur la chaussée de Beuvillers et y vécurent quelques mois sous la direction de sœur Élisabeth de Saint-Louis, qui fut la première prieure, et de sœur Geneviève de Sainte-Thérèse, sous-prieure et maîtresse des novices. « Rien ne fut plus triste et plus glacial que cette installation, » nous dit la notice qui la raconte. A travers des difficultés sans nombre, manquant de tout, les nouvelles religieuses cherchaient à suivre la règle de leur Ordre.

Quelques mois après, elles purent acquérir, rue Livarot, une vieille maison encore bien modeste, mais plus grande, qui fut l'embryon du présent monastère. Elle était bâtie sur l'emplacement de la demeure actuelle des sœurs tourières. Le couvent ne comprenait qu'une chapelle provisoire et douze cellules fort étroites. Les tourières n'avaient pu s'y loger, et, chaque soir, il fallait lever la clôture pour leur permettre de sortir et de rentrer.

Lentement et humblement le monastère se développa. La ville avait vu plutôt avec indifférence cette fondation, les ordres contemplatifs n'ayant pas l'habitude de recueillir grande sympathie, même chez les fidèles.

La première pierre de la chapelle actuelle,

qui a été agrandie depuis, fut posée en 1845, et la chapelle fut terminée et bénite le 6 septembre 1852.

En 1858 fut bâtie la première grande aile du monastère, sous la direction de la Mère Thérèse de Saint-Joseph (une des demoiselles Gosselin). La seconde aile, le calvaire du préau, l'oratoire et le complément du cloître dont la fondatrice avait dressé les plans, furent construits par la Mère Marie de Gonzague et achevés en 1877, quarante ans après l'établissement du Carmel.

Il résulte des propres aveux de Thérèse, des déclarations du supérieur, M. Delatroëtte, et des dépositions des religieuses au procès de canonisation, qu'après ces débuts héroïques, ce Carmel s'était relâché de sa discipline; l'humeur inégale de la Mère Marie de Gonzague en avait ralenti la ferveur, et la communauté ne marchait pas à la lumière de la charité. C'est ce qui explique les épreuves qu'eut à endurer Thérèse par le fait de plusieurs de ses compagnes. Le Destin l'amenait dans un couvent tiède où sa vertu allait rallumer le foyer d'amour. Par elle le monastère a été transformé.

*
* *

Dès son entrée au Carmel, Thérèse connut les épreuves et elle nous dit :

« Mes désirs étaient enfin réalisés, mon âme ressentait une paix si douce et si profonde qu'il me serait impossible de l'exprimer. Et, depuis huit ans et demi, cette paix intime est restée mon partage ; elle ne m'a pas abandonnée, même au milieu des plus grandes *épreuves.* » Épreuves quotidiennes. « Je n'ai pas passé un seul jour sans souffrir, a-t-elle dit, pas un seul. » Elle reçut la première mortification du supérieur du Carmel, l'archiprêtre de Saint-Jacques de Lisieux, celui qui s'était opposé à son entrée au couvent avant ses vingt et un ans. Devant son père, la porte de clôture étant ouverte, et au moment où Thérèse allait la franchir, l'abbé Delatroëtte dit à la communauté : « Mes Révérendes Mères, comme délégué de Mgr l'Archevêque, je vous présente cette enfant de quinze ans, dont vous avez voulu l'entrée. Je souhaite qu'elle ne trompe pas vos espérances, mais je vous rappelle que, s'il en est autrement, vous en porterez seules la responsabilité. »

Toutes les sœurs, paraît-il, furent glacées par cette attitude d'un prêtre vénérable qui semblait s'ériger en un prophète de malheur, et qui d'ailleurs, plus tard, ne parla qu'avec admiration de celle qu'il avait méconnue.

Ensuite, comme dans tous les cloîtres, les épines de la vie conventuelle ne lui furent pas épargnées. Elles lui furent même prodiguées et elle s'appliqua aussi à les rechercher, parce que les plus douloureuses. « Ma principale pénitence, disait saint Bernard, c'est la communauté de vie. »

* * *

La Mère Marie de Gonzague, prieure du Carmel de Lisieux en 1889, avait facilité l'entrée de Thérèse dans son couvent. Mais ce fut, pouvons-nous dire, la seule faveur qu'elle lui témoigna. Elle s'appliqua ensuite à l'éprouver.

« Le Seigneur permit, dit Thérèse, que je fusse traitée très sévèrement par notre Mère, même à mon insu. »

Et, dans son dernier cahier, revenant sur la même pensée, elle s'écrie : « Ma Mère, je vous remercie de ne m'avoir pas ménagée. »

Cette enfant sensible fut, dès les premiers jours, rudoyée devant la communauté. Comme elle avait laissé dans le cloître une toile d'araignée, la Mère Marie de Gonzague dit : « On voit bien que nos cloîtres sont balayés par une enfant de quinze ans ! C'est une pitié ! Allez donc ôter cette toile d'araignée, et devenez plus soigneuse à l'avenir. »

Elle était grondée par sa prieure sans discontinuer, presque systématiquement, et ce qui lui faisait le plus de peine, c'était de ne pas comprendre la manière de se corriger de ses défauts.

Pendant son postulat, sa maîtresse l'envoyait le soir arracher de l'herbe dans le jardin ; cela lui coûtait beaucoup, et d'autant plus qu'elle était presque tenue de rencontrer en chemin Mère Marie de Gonzague. Celle-ci dit, en l'une de ces circonstances : « Mais enfin, cette enfant ne fait absolument rien ! Qu'est-ce donc qu'une novice qu'il faut envoyer tous les jours à la promenade ! »

« Et, pour toutes choses, dit Thérèse, elle agissait ainsi à mon égard. » Elle alla même jusqu'à lui interdire, pendant une retraite d'aller voir à loisir le prédicateur, comme elle le permettait à d'autres.

Il y a lieu de croire que la Mère Marie de Gonzague ne désarma jamais, car, pendant neuf années de cloître, Thérèse ne fut jamais promue à aucune dignité. On l'employa à la sacristie, à la lingerie, au réfectoire, à la porterie, et l'office d'infirmière qu'elle désirait ne lui fut pas confié.

Bien mieux, elle fit fonction de maîtresse des novices à partir de 1893, mais sans jamais en avoir obtenu le titre. La Mère Marie de Gonzague entendit le garder pour elle, faisant de Thérèse une suppléante, ce qui rendait sa tâche très délicate, et aussi Thérèse ne siégea jamais au chapitre, sous prétexte que deux de ses sœurs y avaient séance, et cependant les règlements ne le défendaient pas.

Enfin comment ne pas souligner l'inflexible dureté de la Mère Marie de Gonzague à l'égard de la santé de Thérèse? Les religieuses carmélites qui ont composé le chapitre XII de l'*Histoire d'une âme* en témoignent elles-mêmes. « On lui laissa suivre, malgré ses quinze ans, sauf les jeûnes, toutes les pratiques de notre règle austère. Parfois ses compagnes de noviciat remarquaient sa pâleur et essayaient de la faire dispenser de l'office du soir ou du lever matinal; la Révérende Mère prieure n'accédait point à leurs demandes : « Une âme de cette trempe, disait-elle, ne doit pas être traitée comme une enfant : les dispenses ne sont pas faites pour elle. Laissez-la, Dieu la soutient. D'ailleurs, si elle est malade, elle doit venir le dire elle-même. » Mais Thérèse ne le dit pas, et comme, sur son lit de mort, Mère Agnès de Jésus lui reprochait son héroïque discrétion : « Oh! ma petite Mère, dit Thérèse, remerciez-en le Bon Dieu! connaissant mon état et me voyant alors *si peu soignée,* vous en auriez eu trop de chagrin. »

C'est donc Thérèse elle-même qui déclare qu'elle ne fut pas soignée. Sans doute ce fut elle qui le voulut, qui le permit, mais par ailleurs on ne prit pas garde à elle. Un peu plus de sommeil, un peu plus de chaleur, un peu plus de nourriture eussent pu la sauver. Mais il était dans la destinée de la sainte carmélite de recueillir toutes les souffrances expiatrices, même la plus cruelle, l'absence d'attentions, et, un soir, comme, malgré sa fatigue, la Mère Marie de Gonzague exigeait qu'elle allât au chœur, elle répondit aux sœurs qui s'en alarmaient : « C'est sans doute la volonté de Dieu que ma Mère ne m'apporte aucun soulagement. »

« Si je meurs, ajoutait-elle, on le verra bien. »

Avant d'en finir avec ce douloureux sujet, il importe de préciser l'esquisse de la Mère Marie de Gonzague, qui joua un si grand rôle dans l'existence de Thérèse.

Il est bien difficile, au dire de tous les témoignages, de ne pas admettre que c'était une femme dure, sans tendresse, et, ce qui est plus grave, sans justice. Par ailleurs, ceux qui l'ont connue et qui défendent sa mémoire affirment que ce fut une digne et pieuse carmélite, une femme robuste, austère, sévère pour elle-même comme pour les autres et qu'elle aima Thérèse en la châtiant. Elle semble avoir été mise sur le chemin de la tendre et frêle créature à l'effet de promouvoir sa vertu, et d'ailleurs elle a déclaré elle-même au Père Godefroy Madeleine que, pour exercer cette vertu, elle s'étudiait à l'éprouver, en affectant à son égard une sorte d'indifférence et de sévérité, et elle a attesté que ses rigueurs apparentes avaient été certainement très pénibles à Thérèse, mais que la peine qu'elle en ressentait ne l'avait jamais détournée de l'obéissance parfaite. Malheureusement elle ne détourna pas non plus de sa rudesse l'impitoyable prieure. Quand on lui demandait des remèdes pour la malade, elle répondait : « Cette enfant se plaint toujours ; si elle ne peut porter ses maux, sa place n'est pas parmi nous. »

Et un jour que Marie s'attristait de voir sa sœur mal soignée et toujours humiliée et confiait sa peine à la Mère Marie de Gonzague, elle lui répondit : « Voilà bien l'inconvénient d'avoir des sœurs au couvent ! On désirerait sans doute que sœur Thérèse soit mise en avant, mais c'est tout le contraire que je dois faire. Elle est beaucoup plus orgueilleuse que vous ne pensez, elle a besoin d'être constamment humiliée. »

C'était l'opinion d'une autre sœur qui avait également l'œil sur Thérèse : « C'est un monstre d'orgueil ! » disait-elle.

Et comment répondait Thérèse à tant d'injustices ?

« Ma Mère, confia-t-elle à la prieure, vous êtes la boussole que Jésus m'a donnée pour me conduire sûrement au rivage éternel. »

Elle voulait aimer sa prieure et lui révéla plus tard que, quand elle était postulante, elle brûlait de s'attacher à elle, de recueillir « quelques gouttes de joie » en lui faisant ses confidences ou en lui demandant quelques permissions, et que, lorsqu'elle passait rapidement devant sa cellule, « elle se cramponnait à la rampe de l'escalier pour ne point retourner sur ses pas. »

Et en 1896, lorsque la Mère Marie de Gonzague, après le septième tour, ne fut élue prieure contre la Mère Agnès qu'à une faible majorité, « elle doit avoir de la peine, dit Thérèse, allons la voir. »

La Mère Marie de Gonzague n'était pas favorable à la communion fréquente. Thérèse en était attristée, mais, se soumettant, elle lui dit un jour : « Ma Mère, après ma mort, je vous ferai changer d'avis. » Et l'événement se réalisa.

Mais si la Mère Marie de Gonzague était à la fois autoritaire et versatile, c'est-à-dire inapte à la direction, si elle harcela Thérèse de réprimandes au point qu'une nature moins sainte en aurait été déroutée, elle ne méconnut pas sa vertu dans la suite, et il faut croire qu'elle avait dû revenir de son sentiment de l'orgueil de l'humble carmélite car, à son lit de mort, elle lui dit : « Mon enfant, vous êtes toute prête à paraître devant Dieu, parce que vous avez compris la vertu d'humilité. »

Et quand elle-même fut à l'heure suprême, elle dit : « J'ai confiance en Dieu et en ma petite Thérèse. Elle m'obtiendra mon salut. »

Il était nécessaire, en racontant la vie conventuelle de Thérèse, d'insister sur ses rapports avec sa prieure, et aussi avec ses compagnes qui l'ignorèrent longtemps et, au début, la froissèrent, la blessèrent douloureusement.

Elle était guettée.

Un jour, une sœur, la voyant disposer de son mieux autour du cercueil de la Mère Geneviève les bouquets et les couronnes, s'avisa de lui dire : « Ah! vous savez bien mettre au premier rang les couronnes envoyées par votre famille, et vous mettez en arrière les bouquets des pauvres. »

Thérèse répondit simplement :

« Je vous remercie, ma sœur, vous avez raison; donnez-moi la croix de mousse envoyée par les ouvriers, je vais la mettre en avant. »

Une autre fois, s'étant proposée à une sœur converse infirme, et dont l'infirmité avait rendu le caractère difficile, pour la mener chaque soir avec précaution au réfectoire, elle n'arrivait jamais à la conduire comme elle le voulait.

« Ah! disait la vieille, je disais bien que vous étiez trop jeune pour me conduire! »

On lui reprocha sans cesse sa jeunesse.

Une doyenne du Carmel s'étonna de la voir à vingt ans chargée de la formation des novices et lui dit un jour avec humeur qu'à son âge, elle aurait peut-être plus grand besoin d'apprendre à se diriger que d'assumer la direction des autres. Thérèse répliqua : « Ah! ma sœur, vous avez bien raison, je suis encore plus imparfaite que vous ne croyez. »

Un jour qu'elle venait de subir d'autres reproches, une novice lui demanda pourquoi elle avait l'air si heureux. Quelle ne fut pas sa surprise en entendant sa réponse : « C'est que ma sœur X... vient de me dire des choses désagréables. Ah! qu'elle m'a fait plaisir! Je voudrais maintenant la rencontrer afin de pouvoir lui sourire. »

Ce ne sont là assurément pour une carmélite que des piqûres d'épingle à côté des glaives qui transperceront bientôt son corps et son âme, et il ne faut les noter que pour apprécier la patience dont sa nature impétueuse dut faire preuve, dès son arrivée au cloître. D'ailleurs c'était elle qui se proposait pour les tâches ingrates et pénibles. En hiver, elle s'offrait pour le lavage à l'eau froide, travail qui lui coûtait beaucoup, et, en été, elle réclamait sa place dans les chaudes vapeurs de la buanderie. A travers ces mortifications elle gardait sa gaieté apparente. On s'y méprenait ou on en abusait. Elle savait cacher son dégoût pour les aliments qui la rendaient malade, et les sœurs de la cuisine, la voyant si peu difficile, lui servaient invariablement les restes.

Même mourante, elle n'échappa pas aux sévérités et aux critiques de certaines de ses compagnes. Un soir, pendant sa maladie, la communauté devait se réunir à l'ermitage du Sacré-Cœur pour chanter un cantique. Bien que minée déjà par la fièvre, la servante de Dieu s'y était péniblement rendue, mais en arrivant, elle avait dû s'asseoir, quand une religieuse lui fit signe de se relever. On la vit alors obéir aussitôt et, malgré la lassitude et l'oppression, rester debout jusqu'à la fin.

Et aussi, durant sa maladie, elle fut encore l'objet d'une critique qui, plus que les autres, aurait pu troubler son âme, si elle n'avait déjà été une sainte. Il arriva que, parmi les sœurs qui l'approchaient dans sa dernière maladie, il se trouvait une sœur converse qui, l'ayant toujours vue faire ponctuellement des choses d'apparence ordinaire, ne comprenait guère qu'on ait une haute idée de sa vertu. Elle offrit un jour à la mourante un aliment qui eût infailliblement provoqué des vomissements. Celle-ci refusa doucement, alléguant le danger d'accident et demandant pardon. L'infirmière d'occasion se montra mécontente de cette résistance pourtant si douce et si justifiée, et elle se permit de dire à une personne de son entourage : « Je ne sais pourquoi on parle tant de sœur Thérèse de l'Enfant-Jésus, elle ne fait rien de remarquable ; on ne peut même pas dire qu'elle soit précisément une bonne religieuse. »

Cruellement ce propos fut rapporté à la moribonde. Alors son visage s'illumina d'un sourire et elle dit : « Entendre dire sur mon lit de mort que je ne suis pas une bonne religieuse, quelle joie ! »

Et comme si cet injuste jugement ne suffisait pas, elle en entendit un autre du même genre, si bien que l'expression de la même opinion aurait pu anéantir ses espoirs et la faire douter de la valeur de ses sacrifices ; mais, heureusement pour elle, c'est au ciel qu'elle avait fait ses placements. Tandis qu'elle se reposait dans sa cellule, après avoir enduré un pénible traitement médical, elle entendit une sœur qui, à la cuisine, tenait sur elle ce propos : « Ma sœur Thérèse de l'Enfant-Jésus va bientôt mourir, et je me demande vraiment ce que notre Mère pourra dire d'elle après sa mort. Elle sera bien embarrassée, car cette petite sœur, tout aimable qu'elle est, n'a, pour sûr, rien fait qui vaille la peine d'être raconté[1]. »

Thérèse qui avait écouté ne jugea bon d'émettre aucune réflexion ; mais l'infirmière, qui avait également tout entendu, lui dit :

« Si vous aviez fait fonds sur l'opinion des créatures, vous seriez bien déçue aujourd'hui !

— L'opinion des créatures ! ah ! heureusement le Bon Dieu m'a toujours fait la grâce d'y être absolument indifférente ! »

Cette même infirmière, inconsciente comme d'autres de ses compagnes, lui confia un jour :

[1] Allusion à la notice bibliographique qu'il est d'usage, qu'après le décès de chaque carmélite, la Mère Prieure envoie dans tous les monastères de l'Ordre.

« On prétend que vous n'avez jamais beaucoup souffert. »

Thérèse sourit, puis elle montra un verre qui contenait une potion d'un beau rouge éclatant.

« Voyez-vous ce petit verre? On le croirait plein d'une liqueur délicieuse; en réalité, je ne vois rien de plus amer. Eh bien, c'est l'image de ma vie aux yeux des autres; elle a toujours revêtu les plus riantes couleurs. Il leur a semblé que je buvais une liqueur exquise, et c'était de l'amertume! Je dis de l'amertume, et pourtant ma vie n'a pas été vraiment amère, car j'ai su me faire une joie et une douceur de toute amertume.

— Vous souffrez beaucoup en ce moment, n'est-ce pas?

— Oui, mais je l'ai tant désiré!... »

*
* *

Nous n'avons vu ici que les froissements qui durent tant blesser le cœur sensible et délicat de Thérèse, mais elle eut à supporter en même temps des souffrances plus graves, au point de vue physique et au point de vue moral.

Et tout d'abord, malgré ses quinze ans, elle aborda avec courage toutes les austérités que la règle du Carmel impose. Ceci dit pour les personnes qui mettent si aisément du sacrifice dans la vie des autres et disent : « C'était une carmélite, elle savait au-devant de quoi elle allait. »

Elle était donc rigoureusement fidèle aux moindres recommandations du règlement : ne pas s'appuyer le dos sans permission, se tenir toujours droite, ne point s'asseoir de travers pour se délasser, se donner consciencieusement la discipline.

« Je trouve, disait-elle, que ce n'est pas la peine de faire les choses à moitié. Je prends la discipline pour me faire du mal, et je veux qu'elle me fasse le plus de mal possible. »

Sur ce point comme sur tant d'autres, sans le conseiller à ses novices, elle allait au delà de la règle, et elle avoua que cette pénitence lui causait une telle douleur, que les larmes lui en venaient aux yeux.

Il arriva une fois qu'elle fut malade pour avoir porté trop longtemps une petite croix de fer dont les pointes s'étaient enfoncées dans sa chair.

Puis elle acceptait, sans se plaindre, les

souffrances qui se présentaient. Une sœur voulut un jour rattacher son scapulaire dérangé par quelque accident et enfonça dans son épaule la grande épingle destinée à le maintenir. Elle garda le silence et continua son travail.

Et cependant, elle n'était pas en principe inclinée « vers les macérations des saints ».

« Elles ne sont pas faites, disait-elle, pour moi, ni pour les petites âmes qui marcheront par la même voie d'enfance. »

« Mais, disait-elle aussi avec une infinie tendresse, jamais je n'ai cédé à mes répugnances : il me semblait que le crucifix du préau me regardait avec des yeux suppliants et me mendiait ces sacrifices. »

C'était une frileuse et elle nous assure que c'est du froid dont elle a le plus souffert physiquement durant sa vie religieuse. « J'en ai souffert jusqu'à en mourir. » Mais la communauté ne le sut jamais et ne reçut cette confidence qu'à son lit de mort.

On devine ce que dut être pour cette enfant délicate le supplice des longs hivers de Normandie dans un couvent humide. Ses compagnes nous disent : « Lorsque la température était plus rigoureuse, elle allait le soir, après avoir été transie de froid, se réchauffer quelques instants à la salle de communauté. Mais, pour regagner sa cellule, il lui fallait faire cinquante mètres au grand air, sous les cloîtres ; le reste du trajet dans l'escalier et le long corridor glacial achevait de lui ôter le peu de chaleur si parcimonieusement accordé. Aussi, lorsqu'elle s'étendait sur sa paillasse, s'enveloppant de ses deux pauvres couvertures, ne trouvait-elle qu'un repos coupé de fréquentes insomnies. Il lui arrivait même parfois de passer la nuit entière à trembler de froid sans pouvoir dormir. »

*
* *

« Je désire donner à Jésus, avait dit Thérèse, tous les genres de souffrances. »

Son vœu fut rempli, car elle eut aussi cruelles, et peut-être plus cruelles que les souffrances du corps, celles de l'esprit.

Dès son entrée au Carmel, elle conte qu'elle n'eut pour son âme « que le pain quotidien d'une sécheresse amère ».

Elle souffre de son caractère qui avait toujours été un peu renfermé, elle a de la difficulté à s'ouvrir ou à la maîtresse des novices ou à son directeur. « Mon âme ne se dilatait pas... je ne savais comment exprimer ce qui se passait en moi, les termes me manquaient. » Elle avait soif d'être oubliée et de se confier uniquement à Jésus.

Après sa prise d'habit, la situation était semblable et même pire, car elle dit : « La sécheresse augmenta : je ne trouvais de consolation ni du côté du ciel, ni du côté de la terre. »

Cependant, puisqu'elle avait demandé la tribulation, elle était heureuse.

Elle lit, elle médite, et nous verrons à quelles sources elle s'abreuve.

Elle fait bientôt sa retraite de profession, et continue de connaître la même détresse. « Bien loin d'être consolée, l'aridité la plus absolue, presque l'abandon furent mon partage. »

La veille du grand jour où va s'affirmer sa vocation, elle lui apparaît comme une chimère !

Et le démon, dit-elle, la troubla tellement, les ténèbres devinrent si épaisses, qu'elle ne comprit plus qu'une chose : n'ayant pas la vocation religieuse, elle devait retourner dans le monde ! Que d'angoisses et que de tortures dans ces combats intimes! Elle les confia à sa maîtresse. Cet acte d'humilité lui rendit la paix, et des jours de consolation vinrent.

Et puis, peu à peu, sa voie lui apparaît. C'est la voie simple qui choisit les moyens simples. « Quelquefois, lorsque mon esprit se trouve dans une si grande sécheresse que je ne puis en tirer une seule bonne pensée, je récite très lentement un *Pater* et un *Ave Maria;* ces prières seules me ravissent, elles nourrissent divinement mon âme et lui suffisent... »

Mais la maladie arrive, et voici qu'en même temps son âme rentre dans les ténèbres. « La pensée du ciel, si douce pour moi depuis ma petite enfance, me devint un sujet de combat et de tourment... Voilà des mois que je souffre et j'attends encore l'heure de la délivrance. Je voudrais pouvoir exprimer ce que je sens, mais c'est impossible. Il faut avoir voyagé sous ce sombre tunnel pour en comprendre l'obscurité. »

A l'issue de ce tunnel elle n'entrevoit que le néant et elle en arrive à dire : « Ah! que Dieu me pardonne! Il sait bien que, tout en n'ayant pas la jouissance de la foi, je m'efforce d'en faire les œuvres. »

Et plus fortement encore elle exprime sa pensée, lorsqu'elle parle de ses poésies, qui doivent paraître inondées de consolations : « Je chante simplement *ce que je veux croire!* »

Quel drame chez cette jeune âme assaillie par le doute, et qui ne résiste qu'en persistant à aimer.

Elle s'écrie avec le psalmiste : « Seigneur, vous me comblez de joie par tout ce que vous faites. »

On pourrait peut-être croire que la présence de ses sœurs dans le même cloître est une consolation pour elle. Bien au contraire, c'est un calice amer, où son ardeur d'immolation lui fait surtout verser l'absinthe. « Non, dit-elle, ce n'est pas pour vivre avec mes sœurs que je suis venue dans ce Carmel béni; je pressentais, au contraire, que ce devait être un sujet de grandes souffrances, lorsqu'on ne veut rien accorder à la nature. » Et elle prouve ce qu'elle affirme en demandant à partir pour le Carmel d'Hanoï, si elle guérit. Mais la maladie la retient et elle continue à faire le sacrifice de ses affections familiales.

A son entrée au Carmel on l'avait donnée comme aide au réfectoire à sa Pauline tant aimée. Mais, par pénitence, les deux carmélites se turent et ne s'abandonnèrent à aucune confidence. « O ma petite Mère, dira plus tard Thérèse, que j'ai souffert alors !... Je ne pouvais vous ouvrir mon cœur et je pensais que vous ne me connaissiez plus ! »

Et lorsque Pauline fut devenue prieure, Thérèse fut celle de toutes les religieuses qu'elle vit le plus rarement.

« Nous ne sommes plus chez nous, disait Thérèse à ses sœurs. je serais heureuse de rester avec vous, mais il faut que je m'en prive. » Conduite héroïque, mais aussi pleine de prudence, car, disait-elle, « il faut se faire pardonner d'habiter sous le même toit. » « Quand je serai partie, recommandait-elle avant de mourir, faites bien attention à ne pas mener la vie de famille. »

Cependant, à mesure qu'elle avance ou plutôt qu'elle s'élève dans la voie de sainteté, les ombres s'effacent et la lumière paraît.

En réveillant le souvenir de ses troubles, elle en sourit presque. « Tous les filets des chasseurs ne sauraient plus m'effrayer, car c'est en vain, dit le proverbe, que l'on jette le filet devant les yeux de ceux qui ont des ailes. »

*
* *

La mort approchait; mais, comme cette délivrance et cette arrivée au port céleste auraient pu lui donner trop de joie, ses tentations contre la foi toujours vaincues et toujours renaissantes revinrent, et elle put dire :

« Si je n'avais pas l'épreuve qu'il est impossible de comprendre, je crois que je mourrais de joie à la pensée de quitter bientôt cette terre. »

Mais elle se ressaisit afin de persévérer jusqu'à la fin dans sa petite voie de confiance et d'abandon. « Je ne désire pas plus mourir que de vivre; si le Seigneur m'offrait de choisir, je ne choisirais rien; je ne veux que ce qu'il veut; c'est ce qu'il fait que j'aime. »

Alors ses ténèbres augmentent et elle confie ses angoisses à sa sœur Pauline. « Je ne sais quelle voix maudite me dit : « Es tu sûre d'être « aimée de Dieu? Est-il venu te le dire? »

La tendresse de sa sœur et un verset de l'Écriture la raniment et la consolent. Mais le mauvais esprit vient de nouveau l'assaillir et elle supplie la Vierge et Jésus de la délivrer des fantômes de la nuit.

Elle lutta courageusement, généreusement, jusqu'au bout, jusqu'à pouvoir dire : « C'est l'agonie toute pure sans aucun mélange de consolations. » Mais, confiante quand même, elle donna l'impression à ceux qui l'entouraient qu'à la dernière minute elle contemplait enfin la vérité et jouissait d'un bonheur indicible.

CHAPITRE II

Consolations.

Si pénible que soit la vie du Carmel et quelque ardeur qu'employât Thérèse à en aggraver la dureté, il convient cependant de reconnaître qu'elle eut aussi des consolations.

D'abord il lui était arrivé ce bonheur que tant de mortels n'atteignent pas : elle avait pu remplir et remplir pleinement sa vocation.

Dans ce Carmel auquel elle avait tant aspiré, elle était entrée, et elle a pu écrire : « J'ai trouvé la vie religieuse telle que je me l'étais figurée ; aucun sacrifice ne m'étonna. »

Elle ne rechercha pas ou peut-être ne trouva pas les directions sacerdotales. « Je comparais, a-t-elle dit, les directeurs à des miroirs fidèles qui reflétaient Notre-Seigneur dans les âmes, et je pensais que, pour moi, le Bon Dieu ne se servait pas d'intermédiaires, mais agissait directement. »

Sa sœur Pauline nous dit que les confesseurs ou prédicateurs de retraite en arrivaient à effrayer ou à paralyser ses élans.

« Mon Père, dit-elle un jour au R. P. Blino, jésuite, je veux aimer le Bon Dieu autant que sainte Thérèse.

— Quel orgueil et quelle présomption ! répondit-il ; bornez-vous à corriger vos défauts, à ne plus offenser le Bon Dieu, à faire chaque jour de petits progrès, et modérez vos désirs téméraires.

— Mais, mon Père, je ne trouve pas que ce soient des désirs téméraires, puisque Notre-Seigneur a dit : « Soyez parfaits, comme votre « Père céleste est parfait. »

Le religieux ne fut pas convaincu.

Elle ne fut pas mieux comprise par le chanoine Domin, l'aumônier des Bénédictines, qui lui avait enseigné le catéchisme et l'appelait « son petit docteur », mais qui n'eut ensuite que de la défiance sur sa doctrine de la voie d'enfance. « Je me rappelle, dit-il dans sa déposition, que cette pensée : à savoir qu'on flattait et adulait la servante de Dieu, me poursuivit après son entrée au Carmel.

L'aumônier du Carmel de cette époque, M. l'abbé Youf, me parla aussi quelquefois des qualités extraordinaires de Sœur Thérèse ; il me disait textuellement ceci : « Quoiqu'elle soit « bien jeune, si la communauté avait besoin « d'une prieure, on pourrait la nommer sans « crainte. » Cette parole de mon confrère me semblait être du bluff, comme disent les Anglais, et il en résulta que je n'allais guère la voir au Carmel... Hélas ! c'était moi qui étais dans l'erreur en ne croyant pas à sa vertu extraordinaire ; je le reconnais maintenant. »

Le Père Pichon semble l'avoir mieux pénétrée, mais à peine avait-il pris sa direction, que ses supérieurs l'envoyaient au Canada.

« Mon enfant, lui dit-il, que Notre-Seigneur soit toujours votre supérieur et votre maître des novices. » Et Thérèse suivit ponctuellement ce conseil. Cependant, en 1891, débordée d'angoisses, elle s'en ouvrit au Père Alexis, recollet de la maison de Caen, qui était venu prêcher une retraite au Carmel. Il lui rendit la confiance dont elle avait besoin. « En ce moment, lui dit-il, je tiens auprès de vous la place du Bon Dieu ; eh bien ! je vous affirme qu'il est très content de votre âme. » Et il lui fit comprendre qu'elle avait le droit de tendre à la sainteté. Elle n'en demandait pas davantage, et elle repartit pour le large, ou plutôt elle se lança à jamais dans le sublime.

Elle n'avait pas tous les jours les consolations de l'Eucharistie, quelque ardent désir qu'elle en eût. La Mère Marie de Gonzague, interprétant dans leur sens le plus strict les traditions d'alors dans les couvents français, s'y opposait formellement. Mais en 1891, alors que le désarroi était dans la maison, par suite d'une épidémie d'influenza pendant laquelle Thérèse se prodigua, l'aumônier du Carmel, l'abbé Youf, prit sur lui de réconforter chaque matin la pieuse enfant par la communion.

« Ah! que c'était doux! » s'écrie-t-elle.

Quelle consolation pour son cœur aimant!

D'autre part si, dans son couvent, elle rencontra des juges sévères et bien des critiques humaines, elle eut aussi la faveur de quelques sympathies.

Une ancienne Mère lui dit un jour à la récréation :

« Ma petite fille, il me semble que vous ne devez pas avoir grand'chose à dire à vos supérieurs.

— Pourquoi pensez-vous cela, ma Mère?

— Parce que votre âme est extrêmement simple; mais, quand vous serez parfaite, vous deviendrez plus simple encore; plus on approche de Dieu, plus on se simplifie. »

Elle reçut aussi de fréquentes consolations de la part de la fondatrice de son Carmel, Mère Geneviève de Sainte-Thérèse, qui s'éteignit en 1891. Un jour qu'elle allait la voir à l'infirmerie, la vieille Mère la retint : « Attendez, ma petite fille, j'ai seulement un mot à vous dire. Vous me demandez toujours un bouquet spirituel, eh bien, aujourd'hui, je vous donne celui-ci : Servez Dieu avec paix et avec joie; rappelez-vous mon enfant que notre Dieu est le Dieu de la paix. »

Thérèse fut réconfortée par cet encouragement, mais bien plus encore quand elle demanda à la Mère Geneviève quelle révélation elle avait eue pendant sa longue carrière. « Aucune, » lui répondit-elle.

Quand elle mourut, après une sombre agonie, Thérèse recueillit une larme qui scintillait à sa paupière, et ce lui fut une joie de posséder cette relique.

Il faut noter cependant que la Mère Geneviève de Sainte-Thérèse ne devina rien des destinées de la petite sœur qu'elle connut pendant trois ans ; elle était plutôt effrayée de ses hardiesses, mais elle l'aimait, le lui témoigna et l'encouragea sûrement par l'exemple de sa haute vertu.

« Je veux dire, a écrit Thérèse, mon bonheur d'avoir vécu plusieurs années avec une sainte, non point inimitable, mais sanctifiée par des vertus cachées et ordinaires... Ah ! cette sainteté-là me paraît la plus vraie, la plus sainte ; c'est elle que je désire, car il ne se rencontre aucune illusion. »

Thérèse nous conte plus loin qu'une religieuse de la communauté « avait le talent de lui déplaire en tout ». Elle ne voyait en elle que des côtés désagréables ; alors elle s'appliqua à lui rendre tous les services possibles et à lui faire tous les sourires imaginables. La récompense arriva. « Ma sœur Thérèse de l'Enfant-Jésus, lui dit un jour la religieuse, voudriez-vous me confier ce qui vous attire tant vers moi ? »

« C'est ainsi, conclut Thérèse, que Jésus rend doux ce qu'il y a de plus amer. »

* * *

Si la petite Sœur Thérèse trouvait de la douceur dans ces amertumes, combien devait-elle s'abandonner au charme de l'accomplissement de sa mission de directrice des novices. « J'ai beaucoup appris, dit-elle à la Mère prieure, en remplissant la mission que vous m'avez confiée ; surtout je me suis forcée de pratiquer ce que j'enseignais. »

Et avec quelle finesse, quelle délicatesse, elle dit encore à la Mère Marie de Gonzague : « Je ne pourrais vous expliquer aussi bien les tristes sentiments de la nature, si je ne les avais éprouvés moi-même, et j'aimerais à me bercer de la douce illusion qu'ils n'ont visité que moi, si vous ne m'aviez ordonné d'entendre les tentations des novices. »

En pénétrant dans le sanctuaire des âmes, elle juge sa tâche au-dessus de ses forces, et elle implore le secours de Dieu, sachant que le reste lui sera donné par surcroît. « De loin, dit-elle, il semble aisé de faire du bien aux âmes;... de près, au contraire, on sent que, sans le secours divin, c'est aussi impossible que de ramener le soleil pendant la nuit. »

Et elle analyse son devoir avec la conscience la plus rigoureuse.

Il faut, pense-t-elle, oublier ses goûts, ses conceptions personnelles pour suivre les chemins particuliers que Jésus trace à chaque âme. Sa claire intelligence a compris que le Créateur a mis de la diversité dans la nature. Sans doute, toutes les âmes connaissent à peu près les mêmes combats. Mais comme elles sont différentes, elles ne peuvent lutter de la même manière. Il faut donc les regarder de très près. Elle le sent, et « elle sera le veilleur observant l'ennemi de la plus haute tourelle du château fort. »

Mais cette sollicitude avait ses épines, car elle est tendre et il lui faut être ferme. « Je vous dois la vérité, déclarait-elle à celles qui lui étaient confiées, et je vous la dirai jusqu'à ma mort. » Et elle confiait à sa prieure : « Je sais, ma Mère, que vos petits agneaux me trouvent sévère,... mais ils peuvent dire tout ce qu'ils voudront ; dans le fond, ils sentent que je les aime d'un très grand amour ; il n'y a pas de danger que j'imite *le mercenaire qui, voyant le loup, laisse le troupeau et s'enfuit.* »

Par cette tendre fermeté, Thérèse rendit à

la communauté la ferveur de ses débuts. « Quand toutes manqueraient à la règle, disait-elle, ce n'est pas une raison pour nous justifier. Chacun devrait agir comme si la perfection de l'Ordre dépendait de sa conduite personnelle ! »

« ... Elle aimait mieux braver, a dit une religieuse, le courroux des sœurs, de la supérieure, et s'exposer même à sortir de la communauté, plutôt que de laisser s'égarer une novice dans une voie dangereuse. »

« ... Et, dit une autre au procès de canonisation, quand, dans la conduite de ses novices, elle témoignait une sainte colère, elle ne perdait ni la possession d'elle-même, ni la paix. »

Et, d'ailleurs, il arriva aussi à ses novices d'être sévères à son égard, comme elle l'était pour elles. Quel profit elle en retira !

Elle conte que parfois le Bon Dieu soulève le voile qui leur cache ses imperfections et alors... les chères petites sœurs ne la trouvent plus tout à fait à leur goût et le lui témoignent.

« Ah ! vraiment, s'écrie Thérèse, c'est alors plus qu'un plaisir, c'est un festin délicieux qui comble mon âme de joie. Comment une chose qui déplaît tant à la nature peut-elle donner un pareil bonheur? Si je ne l'avais expérimenté, je ne pourrais le croire.

« Un jour, où je désirais ardemment être humiliée, il arriva qu'une jeune postulante se chargea si bien de me satisfaire que la pensée de Séméi maudissant David me revint à l'esprit et je répétai intérieurement avec le saint : « Oui, c'est bien le Seigneur qui lui a ordonné de me dire toutes ces choses! »

*
* *

Telles étaient les consolations de Thérèse. Elle en eut d'autres dans l'exercice d'un apostolat intime auprès de deux missionnaires, ainsi que nous l'avons rapporté plus haut.

Le Père Bellière, de l'ordre des Pères Blancs, était entré en relations avec le Carmel de Lisieux, le 15 octobre 1895. Mère Agnès de Jésus, en confiant à sa jeune sœur l'âme du jeune prêtre, ne lui donna pas la permission de correspondre avec lui, et Sœur Thérèse ne songea point à la demander. Mère Marie de Gonzague, redevenue prieure en 1896, ne donna pas non plus cette permission. C'est seulement quand elle tomba malade, en 1896, et qu'elle ne put plus écrire elle-même, qu'elle pria Sœur Thérèse de le faire en son nom et place.

La première lettre de Thérèse est du 21 octobre 1896, mais auparavant elle avait écrit l'admirable prière qui suit, pour exprimer sa joie d'avoir un frère prêtre et apôtre :

« O mon Jésus, je vous remercie de combler un de mes plus grands désirs, celui d'avoir un frère prêtre et apôtre.

« Je suis bien indigne de cette faveur ; cependant, puisque vous daignez accorder à votre pauvre petite épouse la grâce de travailler spécialement à la sanctification d'une âme destinée au sacerdoce, je vous offre pour elle avec bonheur toutes les prières et sacrifices dont je puis disposer. Je vous demande, ô mon Dieu, de ne pas regarder ce que je suis, mais ce que je devrais et voudrais être, c'est-à-dire une religieuse toute embrasée de votre amour.

« Vous le savez, Seigneur, mon unique ambition est de vous faire aimer. Maintenant mon désir sera réalisé. Je ne puis que prier et souffrir, mais l'âme à laquelle vous daignez m'unir par les doux liens de la charité ira combattre dans la plaine pour gagner des cœurs. Et moi, sur la montagne du Carmel, je vous supplierai de lui accorder la victoire.

« Divin Jésus, écoutez la prière que je vous adresse pour celui qui veut être votre missionnaire, gardez-le au milieu des dangers du monde, faites-lui sentir de plus en plus le néant et la vanité des choses passagères et le bonheur de savoir les mépriser pour votre amour. Que déjà son sublime apostolat s'exerce sur ceux qui l'entourent, qu'il soit un apôtre digne de votre cœur sacré.

« O Marie, douce Reine du Carmel, c'est à vous que je confie l'âme du futur prêtre dont je suis l'indigne petite sœur. Daignez lui enseigner déjà avec quel amour vous touchiez le divin Enfant Jésus et l'enveloppiez de langes, afin qu'il puisse un jour monter au saint autel et porter en ses mains le Roi des cieux.

« Je vous demande encore de le garder toujours à l'ombre de votre manteau virginal, jusqu'au moment heureux où, quittant cette vallée de larmes, il pourra contempler votre splendeur et pendant toute l'éternité les fruits de son apostolat. »

Les lettres se suivirent d'octobre 1896 à août 1897. La sainte a fait ses adieux au missionnaire cinq semaines avant d'expirer.

Le cadre restreint de cette histoire ne permet pas de publier toutes ces lettres, et ce serait attenter à leur beauté que de les analyser ; le mieux est d'en donner quelques fragments dans ce chapitre consacré aux consolations de la petite Sœur Thérèse.

* * *

La première lettre est naturellement un peu froide et compassée.

« Monsieur l'Abbé,

« Notre Révérende Mère, étant malade, m'a confié la mission de répondre à votre lettre. Je regrette que vous soyez privé des saintes paroles que notre bonne Mère vous aurait adressées, mais je suis heureuse d'être son interprète et de vous redire sa joie en apprenant le travail que Notre-Seigneur vient d'opérer dans votre âme... Je demande à Dieu, non pas seulement que vous soyez un bon missionnaire, mais un saint tout embrasé de l'amour de Dieu et des âmes. Je vous supplie de m'obtenir aussi cet amour, afin que je puisse vous aider dans votre œuvre apostolique. Vous le savez, une carmélite qui ne serait pas apôtre s'éloignerait du but de sa vocation et cesserait d'être la fille de la séraphique sainte Thérèse, qui désirait donner mille vies pour trouver une seule âme. »

Du 26 décembre 1896.

« J'aurais voulu vous répondre plus tôt, mais la règle du Carmel ne permet pas d'écrire ni de recevoir des lettres pendant le temps de l'Avent; je vous assure, Monsieur l'Abbé, que je fais tout ce qui dépend de moi pour vous obtenir les grâces qui vous sont nécessaires.

« ... Vous venez chercher des consolations auprès de celle que Jésus vous a donnée pour sœur et vous en avez le droit. Puisque notre Révérende Mère me permet de vous écrire, je voudrais répondre à la douce mission qui m'est confiée; mais je sens que le plus sûr moyen d'arriver à mon but, c'est de prier et de souffrir. Travaillons ensemble au salut des âmes.

« ... J'espère, Monsieur l'Abbé, que vous voudrez bien continuer de prier pour moi. Je ne suis pas un ange, comme vous paraissez le croire, mais une pauvre petite carmélite bien imparfaite, et qui cependant, malgré sa pauvreté, a, comme vous, le désir de travailler pour la gloire du Bon Dieu. »

Du 24 février 1897.

« ... Je vous remercie de m'avoir choisie pour marraine du premier enfant que vous avez la joie de baptiser; c'est donc à moi de choisir les noms de mon futur filleul. Je désire lui donner pour protecteur la sainte Vierge, saint Joseph et saint Maurice, patron de mon cher frère. Sans doute, cet enfant n'existe encore que dans la pensée du Bon Dieu, mais déjà je prie pour lui et remplis par avance les devoirs de marraine.

« Vous m'avez promis de prier pour moi toute votre vie. Sans doute elle sera plus longue que la mienne et il ne vous est pas permis de chanter comme moi : « J'en ai « l'espoir, mon exil sera court. »

« Vous devez me trouver bien étrange. Peut-être regretterez-vous d'avoir une sœur qui paraît vouloir aller jouir du repos éternel et vous laisser travailler seul... Mais, rassurez-vous : la seule chose que je désire, c'est la volonté du Bon Dieu, et j'avoue que, si dans le ciel je ne pouvais plus travailler pour sa gloire, j'aimerais mieux l'exil que la patrie. »

Du 25 avril 1897.

« ... Je dois vous avouer que, dans votre lettre, il est une chose qui m'a causé de la peine. C'est que vous ne me connaissez pas telle que je suis en réalité... O mon frère, je vous en prie, croyez-moi : le Bon Dieu ne vous a pas donné pour sœur une grande âme, mais une toute petite et très imparfaite.

« ... Je vous ai fait sourire en chantant « mes armes ». Eh bien, je vais vous faire sourire encore en vous disant que j'ai, dans mon enfance, rêvé de combattre sur les champs de bataille... Lorsque je commençais à apprendre l'histoire de France, le récit des exploits de Jeanne d'Arc me ravissait. Je sentais en mon cœur le désir et le courage de l'imiter. Il me semblait aussi que le Seigneur me destinait à de grandes choses. Je ne me trompais pas. Mais, au lieu de voix du ciel m'invitant au combat, j'entendis au fond de mon cœur une voix plus douce, plus forte encore : celle de l'Époux des Vierges, qui m'appelait à d'autres exploits, à des conquêtes plus glorieuses dans la solitude du Carmel. J'ai compris que ma mission n'était pas de faire couronner un roi mortel, mais faire aimer le Roi du ciel, et lui soumettre le royaume des cœurs. »

Du 21 juin 1897.

« ... Ne croyez jamais m'ennuyer ni me distraire en me parlant de vous. Serait-il possible qu'une sœur ne prît pas d'intérêt à tout ce qui touche son frère? Pour ce qui est de me distraire, vous n'avez rien à craindre. Vos lettres au contraire m'unissent davantage au Bon Dieu en me faisant contempler de près les merveilles de son amour.

« ... Après avoir lu votre première lettre du 15 octobre 1895, j'ai pensé la même chose que votre directeur. Vous ne pouvez être un saint à demi ; il vous faudra l'être tout à fait ou pas du tout... Ne croyez pas m'effrayer « en me parlant de vos belles années gaspil- « lées ». Non, je remercie Jésus qui vous a regardé d'un regard d'amour, comme autrefois le jeune homme de l'Évangile. Plus heureux que lui, vous avez répondu fidèlement à l'appel du Maître. Vous avez tout quitté pour le suivre, et cela, au plus bel âge de la vie, à dix-huit ans! Ah! mon frère, comme vous pouvez chanter les miséricordes du Seigneur!... Comment, lorsqu'on jette ses fautes avec une confiance toute filiale dans les brasiers de l'amour, comment ne seraient-elles pas consumées sans retour?

« Je sais qu'il y a des saints qui passèrent leur vie à pratiquer d'étonnantes mortifications pour expier leurs péchés. Mais, que voulez-vous : « Il y a plusieurs demeures dans la maison du Père céleste. » Jésus l'a dit; et c'est pour cela que je suis la voie qu'il me trace. Je tâche de ne plus m'occuper de moi-même en rien, et ce que Jésus daigne opérer en mon âme, je le lui abandonne, car je n'ai pas choisi ma vie austère pour expier mes fautes, mais celles des autres.

« Je viens de relire mon petit mot et je me demande si vous allez me comprendre, car je me suis bien mal expliquée. Ne croyez pas que je blâme le repentir que vous avez de vos fautes et le désir de les expier. Oh! j'en suis bien loin. Mais vous savez, maintenant nous sommes deux : l'ouvrage se fera plus vite, et moi, avec ma manière, je ferai plus de besogne que vous; aussi j'espère qu'un jour Jésus vous fera marcher par la même voie que moi. »

Les quatre dernières lettres annoncent sa mort.

Du 13 juillet 1897.

« Peut-être quand vous lirez ce mot je ne serai plus sur la terre, mais au sein des délices éternelles! Je ne connais pas l'avenir; cependant je puis vous dire avec assurance que l'Époux est à la porte! Il faudrait un miracle pour me retenir dans l'exil, et je ne pense pas que Jésus fasse ce miracle inutile.

« Oh! mon cher frère, que je suis heureuse de mourir! Oui, je suis heureuse, non d'être délivrée des souffrances d'ici-bas. La souffrance unie à l'amour est au contraire la seule chose qui me paraisse désirable en la vallée de larmes. Je suis heureuse de mourir parce que je sens que telle est la volonté du Bon Dieu et que, bien plus qu'ici-bas, je serai utile aux âmes qui me sont chères, et à la vôtre particulièrement.

« ... Si le Seigneur veut encore prolonger quelques semaines mon pèlerinage, et que notre bonne Mère le permette, je pourrai brouillonner encore de petits mots comme celui-ci; mais le plus probable, c'est que je ferai plus qu'écrire à mon cher frère, plus même que de lui parler le langage fatigant de de la terre : je serai tout près de lui; je verrai tout ce qui lui est nécessaire, et je ne laisserai pas de repos au Bon Dieu qu'il ne m'ait donné tout ce que je voudrai! Quand mon cher frère partira dans l'Afrique, je le suivrai, non plus par la pensée et par la prière; je serai toujours avec lui, et sa foi saura bien découvrir la présence d'une petite sœur que Jésus lui donne, non pour être son soutien pendant deux ans à peine, mais jusqu'au dernier jour de sa vie. »

Du 18 juillet 1897.

« Votre douleur me touche profondément. Mais voyez comme Jésus est bon! Il permet que je puisse encore vous écrire pour essayer de vous consoler, et sans doute ce n'est pas la dernière fois... Si pour quelques instants vous pouviez lire dans mon âme, que vous seriez surpris! La pensée du bonheur céleste non seulement ne me cause aucune joie, mais encore je me demande parfois comment il me sera possible d'être heureuse sans souffrir. Jésus sans doute changera ma nature. Autrement je regretterais la souffrance et la vallée de larmes. Jamais je n'ai demandé au Bon Dieu de mourir jeune : cela m'aurait paru une lâcheté. Mais lui, dès mon enfance, a daigné me donner la persuasion intime que ma course ici-bas serait courte. C'est donc la seule pensée d'accomplir la volonté du Seigneur qui fait toute ma joie... »

Et la lettre continue, riche de conseils, débordante de l'expérience de celle qui arriva à la sainteté par la souffrance et par l'amour, et elle se termine ainsi :

« Ce que je voulais faire aujourd'hui, c'était vous consoler. Ah! que je serais heureuse si vous accueilliez ma mort comme l'accueille Mère Agnès de Jésus. Vous ignorez sans doute qu'elle est deux fois ma sœur, et que c'est elle qui m'a servi de mère dans mon enfance. Notre bonne Mère (Mère Marie de Gonzague) craignait toujours beaucoup que sa nature sensible et sa grande affection pour moi lui rendent bien amer mon départ. Le contraire est arrivé. Elle parle de ma mort comme d'une fête, et c'est une grande consolation pour moi.

« ... Je vous donnerais avec joie ce que vous demandez si je n'avais pas fait vœu de pauvreté. Mais, à cause de lui, je ne puis même disposer d'une image. C'est notre Mère seule qui peut vous satisfaire, et je sais qu'elle comblera vos désirs. Justement, en vue de ma mort prochaine, une sœur m'a photographiée pour la fête de notre Mère. Les novices se sont écriées que j'avais pris mon grand air. Il paraît que je suis ordinairement plus souriante. Mais croyez, mon frère, que si ma photographie ne vous sourit pas, mon âme ne cessera de vous sourire, quand elle sera près de vous. Adieu, mon cher frère, croyez que je serai pour toute l'éternité votre vraie petite sœur. »

Du 26 juillet 1897.

« Que votre lettre m'a fait de plaisir ! Si Jésus a écouté vos prières et prolongé mon exil à cause d'elles, il a aussi dans son esprit exaucé les miennes. Puisque vous êtes résigné à perdre « ma présence, mon action sensible », comme vous le dites, ô mon frère, laissez-moi vous le dire, le Bon Dieu réserve à votre âme de bien douces surprises. Elle est, vous me l'avez écrit, « peu habituée aux choses surna-« turelles. » Et moi, qui ne suis pas pour rien votre petite sœur, je vous promets de vous faire goûter, après mon départ pour l'éternelle vie, ce qu'on peut trouver de bonheur à sentir près de soi une âme amie. »

Puis Thérèse s'interrompt dans ses pieuses effusions pour conter succinctement à son frère l'histoire de sa famille sur laquelle il n'a pas été très bien renseigné. « Le Bon Dieu m'a donné un père et une mère plus dignes du ciel que de la terre. Ils demandèrent au Seigneur de leur donner beaucoup d'enfants et de les prendre pour *lui*. Ce désir fut exaucé. Quatre petits anges s'envolèrent aux cieux et les cinq enfants restés dans l'arène prirent Jésus pour époux. Ce fut avec un courage héroïque que mon père, comme un nouvel Abraham, gravit la montagne du Carmel pour immoler à Dieu ce qu'il avait de plus cher... Mais une si belle vie devait être consommée par une épreuve digne d'elle. Peu de temps après mon départ, le père que nous chérissions à si juste titre fut pris d'une attaque de paralysie... Il accepta cette épreuve et poussa l'héroïsme jusqu'à ne pas vouloir qu'on demandât sa guérison.

« Adieu, mon cher frère, j'espère vous écrire encore, si les tremblements de ma main n'augmentent pas, car j'ai été obligée d'écrire ma lettre en plusieurs fois. »

Du 10 août 1897.

La dernière lettre, écrite au crayon et d'une écriture toute tremblante :

« Je suis maintenant toute prête à partir. J'ai reçu mon passeport pour le ciel, et c'est mon père chéri qui m'a obtenu cette grâce. Le 29 (juillet) il m'a donné la garantie que j'irais bientôt le rejoindre. Le lendemain, le médecin, étonné du progrès que la maladie avait fait en deux jours, dit à notre bonne Mère qu'il était temps de combler mes désirs en me faisant recevoir l'extrême-onction. J'ai donc eu ce bonheur, le 30, et aussi celui de voir quitter pour moi le tabernacle Jésus-Hostie que j'ai reçu comme viatique de mon long voyage. Ce pain du ciel m'a fortifiée. Voyez, mon pèlerinage semble ne pouvoir s'achever. Bien loin de m'en plaindre, je me réjouis que le Bon Dieu me permette de souffrir encore pour son amour.

. . . .

« ...Maintenant, mon cher frère, il faut que je vous parle de l'héritage que vous recueillerez après ma mort. Voici la part que notre Mère vous donnera : premièrement, ce reliquaire que j'ai reçu le jour de ma prise d'habits, et qui depuis ne m'a jamais quittée. Secondement, un petit crucifix qui m'est incomparablement plus cher que le grand, car ce n'est plus le premier qui m'avait été donné que j'ai maintenant. Au Carmel on change quelquefois les objets de piété : c'est un bon moyen pour empêcher que l'on s'y attache. Je reviens au petit crucifix : il n'est pas beau, la figure du Christ a disparu. Vous n'en serez pas surpris quand vous saurez que, depuis l'âge de treize ans, ce souvenir de l'une de mes sœurs m'a suivie partout... Depuis que je suis malade je le tiens toujours dans mes mains.

« A Dieu, mon cher frère ; qu'il nous fasse la grâce de l'aimer et de lui sauver des âmes. »

* * *

L'autre frère spirituel de Thérèse, le second avec lequel elle entra en communication, fut, comme nous l'avons dit, le Père Adolphe-Jean Roulland, qui dessert actuellement le chapelle de la Reconnaissance de Dormans, élevée en commémoration de la victoire de la Marne. Il connut Thérèse en 1896, quand il venait de recevoir le sacerdoce au séminaire des Missions étrangères. Avant de quitter la France, il demanda au Carmel de Lisieux qu'une religieuse du monastère priât pour lui et pour ses missions. La Mère Marie de Gonzague désigna Thérèse. Le Père Roulland alla célébrer la messe au couvent, et put s'entretenir au parloir avec la carmélite.

Dans une lettre adressée au missionnaire, le 1er novembre 1896, Thérèse lui a rappelé cette visite et insiste sur la similitude de leur vocation :

« Le 8 septembre 1890, cette vocation fut sauvée par Marie, la Reine des Apôtres et des Martyrs. En ce même jour, une petite carmélite devenait l'épouse du Roi des cieux. Son unique but était de sauver des âmes, surtout des âmes d'apôtres. A Jésus, son Époux divin, elle demanda particulièrement une âme apostolique. Ne pouvant être prêtre, elle voulut qu'à sa place un prêtre reçût les grâces du Seigneur, qu'il eût les mêmes aspirations, les mêmes désirs qu'elle. Vous connaissez l'indigne carmélite qui fit cette prière. Ne pensez-vous pas, comme moi, que notre union spirituelle, confirmée le jour de votre ordination sacerdotale, commença le 8 septembre? Je croyais ne rencontrer qu'au ciel l'apôtre que j'avais demandé à Jésus. Ce bien-aimé Sauveur, levant un peu le voile mystérieux qui cache les secrets de l'éternité, a daigné me donner, dès l'exil, la consolation de connaître le frère de mon âme et de travailler avec lui au salut des pauvres infidèles. »

Le missionnaire partit pour son district du Su-Tchuen, et, avant qu'il s'éloignât, Thérèse

10

lui demanda d'adresser chaque matin cette prière au Seigneur : « Mon Dieu, permettez à Sœur Thérèse de gagner des âmes à votre amour. »

Elle lui écrivit en France et en Chine six lettres dont nous extrayons ces passages.

Du 30 juillet 1896.

« Je suis vraiment heureuse de travailler avec vous au salut des âmes. C'est dans ce but que je me suis faite carmélite : ne pouvant être missionnaire d'action, j'ai voulu l'être par l'amour et par la pénitence... A votre prochaine messe demandez à Dieu de m'embraser du feu de son amour, afin que je puisse ensuite vous aider à l'allumer dans les cœurs.

. . . .

« Je voudrais que mon frère eût toujours les consolations, et moi les épreuves : c'est peut-être égoïste ; mais non, puisque ma seule arme est l'amour joint à la souffrance. »

Et, aux derniers mois de sa vie :

Du 19 mars 1897.

« J'espère bien que, si je quittais l'exil, vous n'oublieriez pas votre promesse de prier pour moi. Je ne désire pas que vous demandiez au Bon Dieu de me délivrer des flammes du purgatoire. Sainte Thérèse disait à ses filles, lorsqu'elles voulaient prier pour elle : « Que m'importe à moi de rester jusqu'à la fin du monde « au purgatoire, si, par mes prières, je sauve « une seule âme ! » Cette parole trouve écho dans mon cœur : je voudrais sauver des âmes et m'oublier pour elles ; je voudrais en sauver même après ma mort, aussi je serais heureuse que vous disiez alors, au lieu de la prière que vous faites et qui sera pour toujours réalisée : « Mon Dieu, permettez à ma sœur de vous « faire encore aimer. »

Du 14 juillet 1897.

« Je vous serai bien plus utile au ciel que sur la terre... Vous remercierez le Seigneur de me donner les moyens de vous aider plus efficacement dans vos œuvres apostoliques. Je compte bien ne pas rester inactive là-haut. Mon désir est de travailler encore pour l'Église et les âmes ; je le demande au Bon Dieu, et je suis certaine qu'il m'exaucera. »

Du 14 août 1897.

« Au moment de paraître devant le Bon Dieu, je comprends plus que jamais qu'il n'y a qu'une chose nécessaire : travailler uniquement pour lui, et ne rien faire pour soi ni pour les créatures. Jésus veut posséder complètement votre cœur ; pour cela, il vous faudra beaucoup souffrir... Mais aussi quelle joie inondera votre âme, quand vous serez arrivé à l'heureux moment de votre entrée au ciel !...

« Je ne meurs pas, j'entre dans la vie,... et tout ce que je ne puis vous dire ici-bas, je vous le ferai comprendre des cieux. »

On devine si cette correspondance soutint à la fois le courage des deux missionnaires et les immolations de la carmélite. Néanmoins, à ses derniers jours, Thérèse, sans cesse inquiétée de perfection, dit à sa prieure : « Après ma mort, probablement que beaucoup de jeunes prêtres, apprenant cela, demanderont à correspondre : ce sera un danger pour certaines sœurs peu prudentes qui écriraient beaucoup de lettres, en seraient très préoccupées, croiraient faire des merveilles et ne feraient en réalité que blesser leur âme et tomber dans le piège subtil du démon. Ma Mère, ce que je vous dis est très important, ne l'oubliez pas plus tard. »

*
* *

Thérèse, qui garda toujours profondes ses affections familiales, eut certainement aussi de grandes consolations dans l'intimité qui l'unissait à ses sœurs; elle leur réserva sa pensée fidèle sous la bénédiction de Dieu et à travers le souvenir du père qu'elle avait tant aimé. Sans doute, comme nous l'avons dit, autant par sacrifice que par discrétion, elle mit un frein aux épanchements que ne permettait pas la vie conventuelle, et il arriva parfois que ce qui devait être pour elle une source de joies lui devint une source d'amertume. Mais elle n'en vivait pas moins dans l'ambiance de ce qu'elle aimait, et les lettres qu'elle eut l'occasion d'écrire à Céline, à Pauline et à Léonie, quand elle était séparée d'elles, montrent la douceur qu'elle éprouvait à leur parler de ses aspirations et à échanger avec elles ses pensées. A la suite de l'*Histoire d'une âme*, il a été publié quelques-unes de ses lettres. Nous y retrouvons l'égalité d'âme de Thérèse, la marque de sa personnalité et, comme on dirait en harmonie, le *motif* de sa sainte complainte : « souffrir pour sauver des âmes, racheter la faute par la vertu. »

A Céline.

« Il y a des moments où je me demande s'il est bien vrai que je suis au Carmel ; parfois je n'y puis croire. Qu'ai-je donc fait au Bon Dieu pour qu'il me comble de tant de grâces !

« ... Tu as raison, la vie est souvent pesante et amère ; il est pénible de commencer une journée de labeur, surtout quand Jésus se cache à notre amour... Jésus peut se cacher, mais on le devine.

. . . .

« Lorsque le matin nous ne sentons aucun courage, aucune force pour pratiquer la vertu, c'est une grâce, c'est le moment *de mettre la cognée à la racine de l'arbre...* »

Et Thérèse répète ce qu'elle dit un jour à l'un de ses directeurs au sujet du désir qu'il est permis d'avoir de devenir une sainte :

« Soyez parfait comme votre Père céleste est parfait, » c'est un commandement de Jésus...

. . . .

Dans toutes ses lettres la carmélite montre la croix. Il faut la porter sans faiblir jusqu'au jour *où le Seigneur essuiera toutes nos larmes.*

Elle cite cette parole de Mme Swetchine : « La résignation est encore distincte de la volonté de Dieu : il y a la même différence qui existe entre l'union et l'unité ; dans l'union on est encore deux, dans l'unité on n'est plus qu'un. »

. . . .

« Céline, j'ai besoin d'oublier la terre ; ici-bas tout me fatigue, je ne trouve qu'une joie, celle de souffrir... Bientôt nous verrons de nouveaux cieux... Nous ne serons plus prisonnières sur une terre d'exil, tout sera passé.

« Mais ici-bas, qui dit paix ne dit pas joie sentie.

« ...Ne croyons pas trouver l'amour sans la souffrance. Notre nature est là, elle n'y est pas pour rien ; mais quels trésors elle nous fait acquérir !

. . . .

« Céline, pendant les courts instants qui nous restent, sauvons des âmes; je sens que notre Époux nous demande des âmes, des âmes de prêtres surtout... C'est lui qui veut que je te dise cela.

. . . .

« Je comprends tout ce que tu souffres, je comprends tes déchirements et je les partage. Ah! si je pouvais te communiquer la paix que Jésus a mise dans mon âme au plus fort de mes larmes!... Console-toi. Tout passe. Notre vie d'autrefois est passée, la mort passera aussi, et alors nous jouirons de la vie, de la vraie vie pour des millions de siècles, pour toujours!

. . . .

« Jésus disait à ses disciples en leur montrant les champs des blés mûrs : *Levez les yeux et voyez comme les campagnes sont déjà assez blanches pour être moissonnées*, et un peu plus loin : *La moisson est abondante, mais le nombre des ouvriers est petit, demandez donc au maître de la moisson d'envoyer des ouvriers.*

« Quel mystère! Jésus n'est-il pas tout-puissant? Les créatures ne sont-elles pas à celui qui les a créées? Pourquoi s'abaisse-t-il à dire : *Demandez au maître de la moisson d'envoyer des ouvriers?* Ah! c'est qu'il a pour nous un amour si incompréhensible, si délicat, qu'il ne veut rien faire sans nous y associer. Le Créateur de l'univers attend la prière d'une pauvre petite âme pour en sauver une multitude d'autres rachetées comme elle au prix de son sang.

. . . .

« Jésus n'a pas dit : Je suis la fleur des jardins, la rose cultivée, mais : *Je suis la Fleur des champs et le Lys des vallées....* Ce n'est ni l'esprit, ni les talents qu'il vient chercher ici-bas. Il ne s'est fait la *Fleur des champs* qu'afin de nous montrer combien il chérit la simplicité.

. . . .

« Je ne suis pas toujours fidèle, mais je ne me décourage jamais, je m'abandonne dans les bras du Seigneur; il m'apprend à tirer profit de tout, du bien et du mal qu'il trouve en moi; il m'apprend à jouer à la banque d'amour, ou plutôt c'est lui qui joue avec moi, sans me dire comment il s'y prend : cela c'est son affaire, et pas la mienne; ce qui me regarde, c'est de me livrer entièrement, sans rien me réserver, pas même la jouissance de savoir combien la banque me rapporte. »

. . . .

A Pauline.

« O Pauline, quand Jésus m'aura fait la grâce d'aborder au Carmel, je veux me donner tout entière à lui, toujours souffrir pour lui, ne plus vivre que pour lui.

« Ah ! si, au moment de la mort, je pouvais avoir une âme à offrir à Jésus, que je serais heureuse ! Il y aurait une âme de moins dans l'enfer, une de plus à bénir le Bon Dieu toute l'éternité !

. . . .

« O ma mère, si vous saviez jusqu'à quel point je veux être indifférente aux choses de la terre ! Que m'importent toutes les beautés créées ! Je serais bien malheureuse si je les possédais. Ah ! que mon cœur me paraît grand, quand je le considère par rapport aux biens de ce monde, puisque tous réunis ne pourraient le contenter ; mais quand je le considère par rapport à Jésus, comme il me semble petit !

« Je ne veux pas que les créatures aient un seul atome de mon amour; je veux tout donner à Jésus, puisqu'il me fait comprendre que lui seul est le bonheur parfait. Tout sera pour lui, tout! Et même, quand je n'aurai rien à lui offrir, comme ce soir, ce sera ce rien.

« Je remercie mon Jésus de me faire marcher dans les ténèbres; j'y suis dans une paix profonde. Volontiers, je consens à rester toute ma vie religieuse dans ce souterrain obscur où il m'a fait entrer; je désire seulement que mes ténèbres obtiennent la lumière aux pécheurs.

« Jésus, je voudrais tant l'aimer, comme jamais il n'a été aimé!

. . . .

« Il n'y a aucun appui à chercher hors de Jésus. Lui seul est immuable. Quel bonheur qu'il ne puisse pas changer!

« Quel bonheur d'être si bien cachée que personne ne pense à nous! O ma petite mère, comme je désire être inconnue de toutes les créatures! Je n'ai jamais désiré la gloire humaine. Le mépris aurait de l'attrait pour mon cœur; mais, ayant reconnu que c'était encore trop glorieux pour moi, je me suis passionnée pour l'oubli. »

A Marie.

« La vie est pleine de sacrifices, c'est vrai, mais pourquoi y chercher du bonheur? *N'est-ce pas simplement une nuit à passer dans une mauvaise hôtellerie,* comme le dit notre Mère Sainte-Thérèse?

. . . .

« Je crois que le travail de Jésus, pendant cette retraite, a été de me détacher de tout ce qui n'est pas lui. Ma seule consolation est une force et une paix très grandes; et puis j'espère être comme Jésus veut que je sois : c'est ce qui fait tout mon bonheur.

. . . .

« Demain je serai l'épouse de *celui dont le visage était caché et que personne n'a reconnu.* »

A Léonie.

« Ah! sans doute ma joie est toute spirituelle, puisque désormais je ne dois plus te revoir ici-bas, je ne dois plus entendre ta voix en épanchant mon cœur dans le tien. Mais je sais que la terre est un lieu de passage; nous sommes des voyageurs qui cheminons vers notre patrie. Qu'importe si la route que nous suivons n'est pas absolument la même, puisque notre terme unique, c'est le ciel où nous serons réunis pour ne plus nous quitter. C'est là que nous goûterons éternellement les joies de la famille... Que de choses nous aurons à nous dire après l'exil de cette vie! Ici-bas la parole est impuissante, mais là-haut un seul regard suffira pour nous comprendre, et, je le crois, notre joie sera alors plus grande que si jamais nous ne nous étions séparées.

. . . .

« Ne trouves-tu pas, comme moi, que le départ de notre père bien-aimé nous a rapprochées des cieux? Plus de la moitié de la famille jouit maintenant de la vue de Dieu, et les cinq exilées ne tarderont pas à s'envoler vers leur patrie. Cette pensée de la brièveté de la vie me donne courage, elle m'aide à supporter les fatigues du chemin.

. . . .

« Je suis bien heureuse de pouvoir m'entretenir avec toi; il y a quelques jours, je ne pensais plus avoir cette consolation sur la terre, mais le Bon Dieu paraît vouloir prolonger un peu mon exil. Je ne m'en afflige pas, car je ne voudrais point entrer au ciel une minute plus tôt par ma propre volonté.

« Adieu, ma sœur chérie, je voudrais que la pensée de mon entrée au ciel te remplisse de joie, puisque je pourrai plus que jamais te prouver ma tendresse. Dans le cœur de notre céleste Époux, nous vivrons de la même vie, et pour l'éternité je resterai,

« Ta toute petite sœur,

« Thérèse de l'Enfant-Jésus. »

CHAPITRE III

Pensées et Poésies.

Nous avons suivi Thérèse à travers ses épreuves et ses consolations, nous avons connu ses sentiments et il semble que nous soyons maintenant mieux préparés à la compréhension de « sa petite voie » ; cependant, avant de l'entendre exposer elle-même sa doctrine à sa sœur Marie, dans le chapitre XIe de l'*Histoire d'une âme*, il convient encore de cueillir quelques-unes de ses pensées, de ses humbles et fortes pensées, comme elle cueillait elle-même les fleurs des champs qu'elle aimait tant. Ainsi nous nous approcherons encore plus près d'elle, et aussi nous examinerons comment elle s'est engagée dans sa voie, et à quelles sources elle a puisé avant d'être elle-même une source pour les autres.

*
* *

Thérèse eut la dilection de l'humilité, de la vérité, de la miséricorde et de l'amour ; elle fut tendre et elle fut gaie. C'est par son abandon charmant à la bonté de Dieu, c'est par l'oubli même de son âme pour les âmes des autres qu'elle apparaîtra aux âmes simples et aux âmes compliquées comme l'enfant chérie du monde.

*
* *

Et d'abord elle fut humble.

« Que les créatures vous reconnaissent sans vertu, cela ne vous enlève rien et ne vous rend pas plus pauvre ; ce sont elles qui perdent en joie intérieure, car il n'y a rien de plus doux que de penser du bien de notre prochain.

« Pour moi, j'éprouve une grande joie, non seulement quand on me trouve imparfaite, mais surtout quand je le suis ; au contraire, les compliments ne me causent que du déplaisir. »

Comme ses novices lui parlaient de ses vertus, elle se comparait à une petite écuelle que le Bon Dieu avait remplie de bonnes choses pour les autres, mais elle se hâtait de dire en souriant : « Pour moi, il n'y a pas grand danger, parce que je suis posée à terre. Pour les prieures, ce n'est pas la même chose : étant placées sur des tables, elles courent beaucoup plus de périls. L'honneur est toujours dangereux. »

Elle aimait les livres, ou plutôt, comme nous le verrons, quelques livres, mais elle avait à cœur de dire : « Croyez-moi, écrire des livres de piété, composer les plus sublimes poésies, tout cela ne vaut pas le plus petit acte de renoncement. »

« Je comprends très bien, disait-elle, que saint Pierre soit tombé. Il comptait trop sur l'ardeur de ses sentiments, au lieu de s'appuyer uniquement sur la force divine. Je suis bien sûre que s'il avait dit à Jésus : Seigneur, donnez-moi le courage de vous suivre jusqu'à la mort, ce courage ne lui aurait pas été refusé. »

Et par l'humilité elle arrivait à la vérité, la vérité toute simple dont elle avait la passion. « Il me semble que l'humilité c'est la vérité. Je ne sais pas si je suis simple, mais je sais que je vois la vérité en toutes choses. »

Une de ses compagnes lui disait un jour que les plus beaux anges, vêtus de robes blanches, le visage joyeux et resplendissant, transporteraient son âme au ciel. Elle répondit : « Toutes ces images ne me font aucun bien, je ne puis me nourrir que de la vérité. Dieu et les anges sont de purs esprits, personne ne peut les voir des yeux du corps tels qu'ils sont en réalité. C'est pour cela que je n'ai jamais désiré les grâces extraordinaires. J'aime mieux attendre la vision éternelle. »

Ici-bas la vérité lui apparaissait sous la forme de la miséricorde divine, dont elle voulait être l'apôtre. « Si je n'avais pas été acceptée au Carmel, disait-elle, je serais entrée dans un refuge, pour y vivre inconnue et méprisée, au milieu des pauvres « repenties ». Mon bonheur aurait été de passer pour telle à tous les yeux ; et je me serais faite l'apôtre de mes compagnes, en leur disant ce que je pense de la miséricorde du Bon Dieu. »

Elle avait ses idées à elle sur cette miséricorde divine, par la seule pensée que l'amour répond à l'amour, et elle s'en expliqua une fois d'une manière très curieuse avec une religieuse qui avait une frayeur extrême des jugements de Dieu. « Si Dieu trouve des taches dans ses anges, disait-elle, comment voulez-vous que je ne tremble pas? »

Thérèse lui répondit :

« Il y a qu'un moyen pour forcer le Bon Dieu à ne pas nous juger du tout, c'est de se présenter devant lui les mains vides.

— Comment cela?

— C'est tout simple : ne faites aucune réserve, donnez vos biens à mesure que vous les gagnez. Pour moi, si je vis jusqu'à quatre-vingts ans, je serai tout aussi pauvre; je ne sais pas faire d'économies : tout ce que j'ai, je le dépense aussitôt pour acheter des âmes.

« Si j'attendais le moment de la mort pour présenter mes petites pièces et les faire estimer à leur juste valeur, Notre-Seigneur ne manquerait pas d'y trouver de l'alliage que j'irai certainement déposer en purgatoire.

« N'est-il pas raconté que de grands saints, arrivant au tribunal de Dieu, les mains chargées de mérites, s'en vont quelquefois dans ce lieu d'expiation, parce que toute justice est souillée aux yeux du Seigneur?

— Mais, repris-je, si Dieu ne juge pas nos bonnes actions, il jugera nos mauvaises, et alors?

— Que dites-vous là? Notre-Seigneur est

la Justice même; s'il ne juge pas nos bonnes actions, il ne jugera pas nos mauvaises. Pour les victimes de l'amour, il me semble qu'il n'y aura pas de jugement, mais plutôt que le Bon Dieu se hâtera de récompenser par des délices éternelles son propre amour qu'il verra brûler dans les cœurs. »

Cet amour, combien Thérèse le veut désintéressé et pur de tout alliage! Il y a à Sexte un verset qu'elle prononce tous les jours à contre-cœur : *Inclinavi cor meum ad faciendas justificationes tuas in æternum, propter retributionem.*

« O mon Jésus, vous savez bien, s'écrie-t-elle, que ce n'est pas pour la récompense que je vous sers, mais uniquement parce que je vous aime et pour sauver les âmes. »

Cet amour était si intense qu'il suffisait à son bonheur, et elle en arriva à dire :

« Je ne vois pas bien ce que j'aurai de plus au ciel que maintenant : je verrai le Bon Dieu, c'est vrai; mais, pour être avec lui, j'y suis déjà tout à fait sur la terre. »

Comme sa patronne Thérèse, elle en était arrivée à un seul désir : « Vivre seule avec le Seul. »

Elle n'en prodigua pas moins toutes ses

tendresses aux quelques êtres avec lesquels elle vécut.

Un jour, une novice qui sentait lui avoir fait de la peine alla lui demander pardon Elle parut très émue et lui dit :

« Si vous saviez ce que j'éprouve! Je n'ai jamais aussi bien compris avec quel amour Jésus nous reçoit quand nous lui demandons pardon après une faute! Si moi, sa pauvre petite créature, j'ai senti tant de tendresse pour vous au moment où vous êtes revenue à moi, que doit-il se passer dans le cœur du Bon Dieu, quand on revient vers lui!... Oui, certainement, plus vite encore que je viens de le faire, il oubliera toutes nos iniquités pour ne plus jamais s'en souvenir... Il fera même davantage : il nous aimera plus encore qu'avant notre faute! »

« Il ne faut pas que nous soyons des juges de paix, disait-elle, mais des anges de paix. »

Sa tendresse voulait être active, et elle eut un regret dans sa vie au Carmel, c'est de ne pas avoir été attachée à l'infirmerie.

« Si je devais vivre encore, dit-elle, l'office d'infirmière serait celui qui me plairait davantage; je ne voudrais pas le solliciter, mais, s'il me venait directement de l'obéissance, je me croirais bien privilégiée. Il me semble que je le remplirais avec un tendre amour, pensant à ce que dit Notre-Seigneur : J'étais malade et vous m'avez visité. »

Et elle ajoute avec une infinie délicatesse :

« La cloche de l'infirmerie devrait être pour nous une mélodie céleste. Il faudrait passer tout exprès sous les fenêtres des malades pour leur donner la facilité de vous appeler et de vous demander des services. »

Cette cloche qui est la voix du règlement, comme elle la respecte, comme elle lui obéit !

« Il faut, dit-elle, être mortifiée quand on nous sonne, lorsqu'on frappe à notre porte, jusqu'à ne pas faire un point de plus avant de répondre. J'ai pratiqué cela, et je vous assure que c'est une source de paix. »

Une de ses novices, ayant entendu cet avis, s'y conforma ponctuellement et, lorsque l'occasion se présentait, elle se dérangeait aussitôt. Un jour, pendant sa maladie, Thérèse en fut témoin et elle lui dit avec cette originalité qui lui était propre :

« Au moment de la mort, vous serez bien heureuse de retrouver cela ! Vous venez de faire une action plus glorieuse que si, par des démarches habiles, vous eussiez obtenu la bienveillance du gouvernement pour les communautés religieuses et que toute la France vous acclamât comme Judith. »

Elle était charitable, c'est-à-dire charitable de ses prières, de ses sacrifices, de ses affections, puisqu'elle s'était dépouillée de tout le reste. C'est aux prêtres surtout qu'elle offrait le mérite de ses efforts. Elle les multiplia pour l'un des frères de sa famille spirituelle qui porta la robe de carme, le célèbre Père Hyacinthe, dont la défection avait été retentissante. C'est à son intention que, le 19 août 1897, elle offrit sa dernière communion. Hyacinthe Loyson mourut le 9 février 1912, sans manifester le désir de se réconcilier avec l'Église, mais des témoins intimes de sa fin ont raconté que, la veille de sa mort, il prit dans ses doigts la croix d'argent qu'il portait toujours sur lui et la baisa en murmurant : « O mon doux Jésus! »

Enfin Thérèse recommandait et pratiquait l'égalité d'humeur. Elle détestait la tristesse et elle aimait la gaieté et, à cette occasion, elle a dit des choses charmantes.

Une novice lui ayant dit qu'elle ne pleurerait plus jamais qu'avec le Bon Dieu, elle s'écria : « Pleurer devant le Bon Dieu! gardez-vous d'agir ainsi. Vous devez paraître triste bien moins encore devant lui que devant les créatures! Comment! ce bon Maître n'a pour réjouir son cœur que nos monastères ; il vient chez nous pour se reposer, pour oublier les plaintes continuelles de ses amis du monde, et vous feriez comme le commun des mortels? »

Comme on lui demandait son secret pour être si constamment joyeuse dans la pratique de la vertu, elle répondit : « Je n'ai pas toujours fait ainsi, mais, depuis que je ne me recherche jamais, je mène la vie la plus heureuse qu'on puisse voir.

« Autrefois, dans le monde, en m'éveillant le matin, je pensais à ce qui devait m'arriver d'heureux ou de fâcheux dans la journée; si je ne prévoyais que des ennuis, je me levais triste. Maintenant c'est tout le contraire; songeant aux peines, aux souffrances qui m'attendent, je me lève d'autant plus joyeuse et pleine de courage que je prévois plus d'occasions de témoigner mon amour à Jésus et *de gagner la vie de mes enfants,* puisque je suis mère des âmes.

« Plus vous avancerez, moins vous aurez de combats, ou plutôt vous les vaincrez avec plus de facilité, parce que vous verrez le bon côté des choses.

« J'accepte tout pour l'amour du Bon Dieu, même les pensées les plus extravagantes qui me viennent à l'esprit. »

« Il y a des personnes qui prennent tout de manière à se faire le plus de peine; pour moi, c'est le contraire : je vois toujours le bon côté des choses. Si je n'ai que la souffrance pure, sans aucune éclaircie, eh bien, j'en fais ma joie. »

Enfin, presque mourante et souffrant beaucoup, elle disait à ceux qui s'attendrissaient sur son épreuve :

« La vie n'est pas si triste; elle est au contraire très gaie. Si vous disiez : l'exil est triste, je vous comprendrais. On fait erreur en donnant le nom de vie à ce qui doit finir. Ce n'est qu'aux choses du ciel, à ce qui ne doit jamais mourir qu'on doit donner ce beau nom; et, puisque nous en jouissons dès ce monde, la vie n'est pas triste, mais gaie, très gaie... »

Elle prenait cette force dans la pensée continuelle du ciel et dans l'admiration de la communion des saints.

« Oh! que nous verrons de mystères plus

tard ! Combien de fois ai-je pensé que je devais peut-être toutes les grâces dont j'ai été comblée aux instances d'une petite âme que je ne connaîtrai qu'au ciel ! »

Et elle revient une autre fois sur cette pensée. « Pensez-vous que les grands saints, voyant ce qu'ils doivent à de toutes petites âmes, ne les aimeront pas d'un amour incomparable ? Il y aura là, j'en suis sûre, des sympathies délicieuses et surprenantes. Le privilégié d'un apôtre, d'un grand docteur sera peut-être un petit pâtre ; et l'ami intime d'un patriarche, un simple petit enfant. Oh ! que je voudrais être dans ce royaume d'amour ! »

Avec quelle ivresse elle parle de ce paradis où l'on ne verra plus ni regards indifférents, ni regards curieux, où le bonheur de chacun des élus sera celui de tous !

On lui montrait un jour une image représentant Jeanne d'Arc consolée dans sa prison par ses voix, et elle dit :

« Je suis consolée, moi aussi, par une voix intérieure. D'en haut, les saints m'encouragent et me disent : Tant que tu es dans les fers, tu ne peux remplir ta mission, mais plus tard, après ta mort, ce sera le temps des conquêtes. »

Dès son enfance, elle avait eu la certitude d'aller un jour « loin du pays ténébreux ».

« Je sentais en mon cœur, par des aspirations intimes et profondes, qu'une autre terre, une région plus belle me servirait un jour de demeure stable, de même que le génie de Christophe Colomb lui faisait pressentir un monde nouveau. »

« Vous nous regarderez du haut du ciel? lui disaient ses compagnes.

— Non, répondit-elle, *je descendrai.* »

Ce fut sa pensée *continuelle,* durant sa vie sacrifiée, de revenir sur la terre, après avoir racheté son innocente vie.

Le Bon Dieu, a-t-elle dit, fera toutes mes volontés au ciel parce que je n'ai jamais fait ma volonté sur la terre.

*
* *

A peine entrée dans la vie, ainsi que nous avons pu le voir, Thérèse aima la lecture, les étoiles, la mer, les prairies, les oiseaux, les agneaux et les fleurs, surtout les fleurs, les fleurs champêtres.

« Je sens encore, dit-elle, les impressions profondes et poétiques qui naissaient dans mon cœur à la vue des champs de blé émaillés de coquelicots, de bluets, de pâquerettes. Déjà j'aimais les lointains, l'espace, les grands arbres ; en un mot toute la belle nature me ravissait et transportait mon âme dans les cieux. »

Elle en rêvait derrière les murs où elle s'était cloîtrée.

« Je me demande même, confiait-elle à sa prieure, comment il se fait que, pensant toute la journée au Bon Dieu, je ne m'en occupe pas davantage pendaut mon sommeil; ordinairement je rêve les bois, les fleurs, les ruisseaux et la mer. Presque toujours je vois de jolis petits enfants, j'attrape des papillons et des oiseaux, comme jamais je n'en ai vus. »

Ce sentiment de la nature devait se traduire en poésie, et la poésie n'est pas défendue au Carmel, pas plus que la peinture et la musique. Mais il va de soi qu'elle n'est réservée qu'aux moments perdus, et il y a très peu de moments perdus.

* * *

Thérèse a écrit : « Le Bon Dieu n'a pas permis que notre Mère me dît d'écrire mes poésies à mesure que je les composais, et je n'aurais pas voulu le lui demander, de peur de faire une faute contre la pauvreté. J'attendais donc l'heure de temps libre, et ce n'était pas sans une peine extrême que je me rappelais, à 8 heures du soir, ce que j'avais composé le matin.

Ces petits riens sont un martyre, il est vrai; mais il faut bien se garder de le diminuer en se permettant ou se faisant permettre mille choses qui nous rendraient la vie religieuse agréable et commode. »

Une autre fois, dans une de ses lettres au Père Bellière, elle écrit :

« Je suis vraiment heureuse que le Bon Dieu se soit servi de mes pauvres vers pour vous faire du bien. J'aurais été confuse de vous les envoyer, si je ne m'étais souvenu qu'une sœur ne doit rien avoir de caché pour son frère. C'est bien avec un cœur fraternel que vous les avez accueillis et jugés. Vous avez sans doute été surpris de retrouver « Vivre d'amour ». Mon intention n'était pas de vous les envoyer deux fois. J'en avais commencé la copie, quand j'ai pensé que vous l'aviez déjà. C'était trop tard pour m'arrêter. »

Enfin, dans une autre lettre, Thérèse écrit au missionnaire :

« Je vous ai fait sourire en chantant « Mes armes ».

Ce sont les seules fois où nous voyons Thérèse faire allusion à ses poésies.

Était-elle donc poète?

Oui, essentiellement poète, si l'on admet que la poésie naît de la sensibilité et de l'inspiration. Elle était littérairement de famille larmartinienne. Par sa prose on a pu se rendre compte de son lyrisme. Sa pensée s'y révèle avec enfantillage parfois, mais aussi avec force. C'est une enfant, mais une enfant bien précoce qui s'épanche, sans aucune recherche littéraire. Elle dit simplement ce qu'elle veut et elle le dit avec grâce et frémissement dans une langue qui a sa pureté et sa personnalité.

Ainsi que ses sœurs qui étaient, comme elle, des créatures bien douées et qui firent honneur à un foyer d'élite, Thérèse était artiste. Elle aimait la peinture et, du simple exemple de Pauline, presque sans apprentissage, par le seul don d'évocation et, comme si la grâce lui fût venue aussi en aide, quand elle prit son pinceau, enlumina des vélins ou aborda même la peinture murale, elle montra du talent.

La fresque qu'elle a peinte et même composée pour l'oratoire intérieur du Carmel surprend de la part d'une exécutante qui avait si peu de métier, et sa sœur Céline, très artiste aussi et très compétente en la matière, considérait l'exécution de cette œuvre comme l'effet d'une grâce surnaturelle.

Thérèse peignait comme elle écrivait, à ses moments libres, c'est-à-dire rarement et fébrilement, car elle ne perdait pas une minute, et ce lui était encore une occasion de vertu. « Si, me mettant à l'ouvrage pour la peinture, je trouve les pinceaux en désordre, si une règle ou un canif a disparu, la patience est bien près de m'abandonner et je dois la prendre à deux mains pour ne pas réclamer avec amertume les objets qui me manquent. »

Mais, mieux que ses peintures, sont les strophes qu'elle écrivit, à la demande de ses supérieures, cantiques enflammés dont les paroles étaient adaptées à un air connu et imposé d'avance. Dans ces poésies destinées à être chantées et parfois un peu mièvres, dans ces récréations pieuses,dans cette métrique sentimentale, il ne faut pas chercher autre chose que de pures émotions rendues souvent harmonieusement. On pourrait en faire d'heureux extraits ayant sûrement autant de valeur poétique que ceux de beaucoup d'anthologies recommandées et les surpassant par l'élan de la pensée. Nous reproduisons ici, et dans toute leur ampleur, trois de ces poèmes :

Vivre d'amour;
Prière de la France à Jeanne d'Arc;
Mon ciel à moi.

VIVRE D'AMOUR

Au soir d'amour, parlant sans parabole,
Jésus disait : « Si quelqu'un veut m'aimer,
« Fidèlement qu'il garde ma parole,
« Mon Père et moi viendrons le visiter;
« Et, de son cœur, faisant notre demeure,
« Notre palais, notre vivant séjour,
« Rempli de paix, nous voulons qu'il demeure
« En notre amour. »

Vivre d'amour, c'est te garder toi-même,
Verbe increé, Parole de mon Dieu,
Ah! tu le sais, divin Jésus, je t'aime!
L'esprit d'amour m'embrase de son feu.

C'est en t'aimant que j'attire le Père,
Mon faible cœur le garde sans retour;
O Trinité! vous êtes prisonnière
De mon amour.

Vivre d'amour, c'est vivre de ta vie,
Roi glorieux, délices des élus.
Tu vis pour moi caché dans une hostie...
Je veux pour toi me cacher, ô Jésus!
A des amants il faut la solitude,
Un cœur-à-cœur qui dure nuit et jour;
Ton seul regard fait ma béatitude,
Je vis d'amour.

Vivre d'amour, ce n'est pas sur la terre
Fixer sa tente au sommet du Thabor;
Avec Jésus c'est gravir le Calvaire,
C'est regarder la Croix comme un trésor.
Au ciel, je dois vivre de jouissance,
Alors l'épreuve aura fui sans retour;
Mais, ici-bas, je veux dans la souffrance
Vivre d'amour.

Vivre d'amour, c'est donner sans mesure,
Sans réclamer de salaire ici-bas.
Ah! sans compter je donne, étant bien sûre
Que lorsqu'on aime, on ne calcule pas.

12

Au cœur divin, débordant de tendresse,
J'ai tout donné, légèrement je cours...
Je n'ai plus rien que ma seule richesse :
Vivre d'amour.

Vivre d'amour, c'est bannir toute crainte,
Tout souvenir des fautes du passé.
De mes péchés je ne vois nulle empreinte ;
Au feu divin chacun s'est effacé.
Flamme sacrée, ô très douce fournaise,
En ton foyer je fixe mon séjour.
Jésus, c'est là que je chante à mon aise :
Je vis d'amour.

Vivre d'amour, c'est garder en soi-même
Un grand trésor en un vase mortel.
Mon Bien-Aimé, ma faiblesse est extrême.
Ah ! je suis loin d'être un ange du Ciel.
Mais, si je tombe à chaque heure qui passe,
Me relevant, m'embrassant tour à tour,
Tu viens à moi, tu me donnes ta grâce,
Je vis d'amour !

Vivre d'amour, c'est naviguer sans cesse,
Semant la joie et la paix dans les cœurs ;
Pilote aimé, la charité me presse ;
Car je te vois dans les âmes, mes sœurs.

La charité, voilà ma seule étoile ;
A sa clarté, je vogue sans détour ;
J'ai ma devise écrite sur ma voile :
« Vivre d'amour ! »

Vivre d'amour lorsque Jésus sommeille,
C'est le repos sur les flots orageux.
Oh ! ne crains pas, Seigneur, que je t'éveille ;
J'attends en paix le rivage des cieux...
La Foi bientôt déchirera son voile,
Et mon espoir ne comptera qu'un jour ;
La charité gonfle et pousse ma voile,
Je vis d'amour !

Vivre d'amour, c'est, ô mon divin Maître,
Te supplier de répandre tes feux
En l'âme élue et sainte de ton prêtre.
Qu'il soit plus pur qu'un séraphin des cieux.
Protège-la ton Église immortelle,
Je t'en conjure à chaque instant du jour.
Moi, son enfant, je m'immole pour elle ;
Je vis d'amour.

Vivre d'amour, c'est essuyer ta face,
C'est obtenir des pécheurs le pardon.
O Dieu d'amour, qu'ils rentrent dans ta grâce
Et qu'à jamais ils bénissent ton nom.

Jusqu'à mon cœur retentit le blasphème;
Pour l'effacer je redis chaque jour :
O Nom sacré, je t'adore et je t'aime;
Je vis d'amour.

Vivre d'amour, c'est imiter Marie,
Baignant de pleurs, de parfums précieux
Tes pieds divins, qu'elle baise ravie,
Les essuyant avec ses longs cheveux;
Puis, se levant, dans une sainte audace,
Ton doux visage elle embaume à son tour.
Moi, le parfum dont j'embaume ta face,
C'est mon amour.

Vivre d'amour, quelle étrange folie!
Me dit le monde, ah! cessez de chanter;
Ne perdez pas vos parfums, votre vie;
Utilement, sachez les employer!
— T'aimer, Jésus, quelle perte féconde!
Tous mes parfums sont à toi sans retour.
Je veux chanter en sortant de ce monde :
Je meurs d'amour!

Mourir d'amour, c'est un bien doux martyre;
Et c'est celui que je voudrais souffrir.
O chérubins! accordez votre lyre,
Car, je le sens, mon exil va finir...

Dard enflammé, consume-moi sans trêve,
Blesse mon cœur en ce triste séjour,
Divin Jésus, réalise mon rêve :
Mourir d'amour!

Mourir d'amour, voilà mon espérance.
Quand je verrai se briser mes liens,
Mon Dieu sera ma grande récompense;
Je ne veux point posséder d'autres biens.
De son amour je suis passionnée;
Qu'il vienne enfin m'embraser sans retour!
Voilà mon Ciel, voilà ma destinée :
Vivre d'amour!

25 février 1895.

PRIÈRE DE LA FRANCE A JEANNE D'ARC

Oh! souviens-toi, Jeanne, de ta patrie,
De tes vallons tout émaillés de fleurs.
Rappelle-toi la riante prairie
Que tu quittas pour essuyer mes pleurs.
O Jeanne, souviens-toi que tu sauvas la France.
Comme un ange des cieux tu guéris ma souffrance.
Écoute dans la nuit
La France qui gémit :
Rappelle-toi!

Rappelle-toi tes brillantes victoires,
Les jours bénis de Reims et d'Orléans ;
Rappelle-toi que tu couvris de gloire,
Au nom de Dieu, le royaume des Francs.
Maintenant, loin de toi, je souffre et je soupire.
Viens encore me sauver, Jeanne, douce martyre !
Daigne briser mes fers...
Des maux que j'ai soufferts,
Oh ! souviens-toi !

Je viens à toi, les bras chargés de chaînes,
Le front voilé, les yeux baignés de pleurs ;
Je ne suis plus grande parmi les reines,
Et mes enfants m'abreuvent de douleurs ! [Mère.
Dieu n'est plus rien pour eux ! Ils délaissent leur
O Jeanne, prends pitié de ma tristesse amère.
Reviens, « fille au grand cœur ».
Ange libérateur,
J'espère en toi !

MON CIEL A MOI

Pour supporter l'exil de la terre des larmes,
Il me faut le regard de mon divin Sauveur.
Ce regard plein d'amour m'a dévoilé ses charmes;
Il m'a fait pressentir le céleste bonheur.

Mon Jésus me sourit quand vers lui je soupire ;
Alors je ne sens plus l'épreuve de la foi.
Le regard de mon Dieu, son ravissant sourire,
Voilà mon ciel à moi !

Mon ciel est d'attirer sur l'Église bénie,
Sur la France coupable et sur chaque pécheur,
La grâce que répand ce beau fleuve de vie
Dont je trouve la source, ô Jésus, dans ton cœur.
Je puis tout obtenir lorsque, dans le mystère,
Je parle cœur à cœur avec mon divin Roi.
Cette douce oraison, tout près du sanctuaire,
Voilà mon ciel à moi !

Mon ciel, il est caché dans la petite hostie
Où Jésus mon époux se voile par amour.
A ce foyer divin je vais puiser la vie ;
Et là, mon doux Sauveur m'écoute nuit et jour.
O quel heureux instant, lorsque, dans ta tendresse,
Tu viens, mon bien-aimé, me transformer en toi.
Cette union d'amour, cette ineffable ivresse,
Voilà mon ciel à moi !

Mon ciel est de sentir en moi la ressemblance
Du Dieu qui me créa de son souffle puissant.
Mon ciel est de rester toujours en sa présence,
De l'appeler mon Père et d'être son enfant.

Entre ses bras divins, je ne crains pas l'orage....
Le total abandon, voilà ma seule loi.
Sommeiller sur son cœur, tout près de son visage,
Voilà mon ciel à moi !

Mon ciel, je l'ai trouvé dans la Trinité sainte
Qui réside en mon cœur, prisonnière d'amour...
Là, contemplant mon Dieu, je lui redis sans crainte
Que je veux le servir et l'aimer sans retour...
Mon ciel est de sourire à ce Dieu que j'adore,
Lorsqu'il veut se cacher pour éprouver ma foi,
Sourire en attendant qu'il me regarde encore,
Voilà mon ciel à moi !

7 juin 1896.

CHAPITRE IV

La Petite Voie d'enfance spirituelle.

Les confidences de Thérèse aussi bien que sa vie, ses épreuves et ses consolations nous ont éclairés sur sa vocation, et il nous est plus aisé maintenant de la suivre sur sa voie, *la Voie d'enfance spirituelle.*

Sa doctrine a provoqué et provoque chaque jour d'intéressants commentaires, mais le mieux est de l'entendre l'expliquer elle-même, ainsi qu'elle l'a fait dans sa communication à sa sœur Marie, qui forme le XIe chapitre de l'*Histoire d'une âme.*

*
* *

Ici, comme ailleurs, elle ne parle que parce qu'elle est sollicitée. « O ma sœur chérie, vous me demandez de vous laisser un souvenir... Puisque vous me témoignez le désir de connaître à fond, autant que possible, tous les sentiments de mon cœur, puisque vous voulez que je mette par écrit le rêve le plus consolant de ma vie, et, « ma petite doctrine, » comme vous l'appelez, je le ferai dans les pages suivantes. »

« Mais, ajoute-t-elle, avec cette coutumière simplicité qui met tant de parfum dans ses écrits, c'est à Jésus que je parlerai, cela me sera plus facile pour exprimer mes pensées. »

Elle avoue cependant que la parole humaine est impuissante à redire les choses que le cœur peut à peine pressentir, et, en artiste, elle dit, non sans éloquence, qu'il lui manque une couleur, cette couleur divine, cette couleur inconnue mais que nous connaîtrons un jour, que seul le peintre céleste pourra mettre sur sa palette, après la nuit de la vie...

Elle essaiera cependant de traduire ses secrets, et elle révèle tout de suite celui qui dévoile sa vocation : « Mon chemin, c'est l'abandon du petit enfant qui s'endort sans crainte dans les bras de son père. Si quelqu'un est tout petit, qu'il vienne à moi, a dit l'Esprit-Saint par la bouche de Salomon. »

« Dans les bras de son *père!* » Quel touchant souvenir réservé à celui qu'elle aima si profondément !

*
* *

Thérèse conte ensuite ce que l'on pourrait appeler la découverte de cette vocation.

« Un jour du mois de mai, dit-elle à Jésus, vous avez fait luire dans ma sombre nuit un pur rayon de votre grâce. »

Aux premières lueurs de l'aurore, elle eut un rêve où elle aperçut dans une galerie trois carmélites revêtues de leurs manteaux et de grands voiles ; la plus grande souleva son voile et elle reconnut, sans aucune hésitation, la Mère Anne de Jésus, fondatrice du Carmel en France. « Son visage était éclairé d'une lumière ineffablement douce qu'il semblait produire de lui-même. »

« Ma Mère, lui dit-elle, dites-moi si le Bon Dieu ne me demande pas autre chose que mes pauvres petites actions et mes désirs ? »

La Mère Anne lui en donna l'assurance, et elle se réveilla.

« A mon réveil, dit-elle, je croyais, je sentais qu'il y a un ciel et que ce ciel est peuplé d'âmes qui me chérissent et me regardent comme leur enfant. »

Alors celle qui se sent une vraie carmélite, une épouse de Jésus, une mère des âmes, chante le magnificat de ses désirs infinis et son âme exhale les plus beaux accents qu'elle ait jamais exprimés, l'une des déclarations les plus enflammées qui ait pu jaillir d'un cœur ardent.

« Je me sens la vocation de guerrier, de prêtre, d'apôtre, de docteur, de martyr... Je voudrais accomplir toutes les œuvres les plus héroïques, je me sens le courage d'un croisé, je voudrais mourir sur un champ de bataille pour la défense de l'Église.

« La vocation de prêtre ! Avec quel amour, ô Jésus, je vous porterais dans mes mains, lorsque ma voix vous ferait descendre du ciel ! Avec quel amour je vous donnerais aux âmes ! Mais, hélas ! tout en désirant être prêtre, j'admire et j'envie l'humilité de saint François d'Assise, et je me sens la vocation de l'imiter en refusant la sublime dignité du sacerdoce. Comment donc allier ces contrastes ?

« Je voudrais éclairer les âmes comme les prophètes, les docteurs. Je voudrais parcourir la terre, prêcher votre Nom et planter sur le sol infidèle votre croix glorieuse, ô mon Bien-Aimé ! Mais une seule mission ne me suffirait pas : je voudrais en même temps annoncer l'Évangile dans toutes les parties du monde, et jusque dans les îles les plus reculées. Je voudrais être missionnaire, non seulement pendant quelques années, mais je voudrais l'avoir été depuis la création du monde et continuer de l'être jusqu'à la consommation des siècles.

« Ah! par-dessus tout, je voudrais le martyre. Le martyre! voilà le rêve de ma jeunesse; ce rêve a grandi avec moi dans ma petite cellule du Carmel. Mais c'est là une autre folie; car je ne désire pas un seul genre de supplice; pour me satisfaire, il me les faudrait tous...

« Comme vous, mon Époux adoré, je voudrais être flagellée, crucifiée... Je voudrais mourir dépouillée comme saint Barthélemy; comme saint Jean, je voudrais être plongée dans l'huile bouillante; je désire, comme saint Ignace d'Antioche, être broyée par la dent des bêtes, afin de devenir un pain digne de Dieu. Avec sainte Agnès et sainte Cécile, je voudrais présenter mon cou au glaive du bourreau; et comme Jeanne d'Arc, sur un bûcher ardent, murmurer le nom de Jésus!

« Si ma pensée se porte sur les tourments

inouïs qui seront le partage des chrétiens au temps de l'Antéchrist, je sens mon cœur tressaillir ; je voudrais que ces tourments me fussent réservés. Ouvrez, mon Jésus, votre Livre de vie, où sont rapportées les actions de tous les saints ; ces actions, je voudrais les avoir accomplies pour vous !

« A toutes ces folies, qu'allez-vous répondre ? Y a-t-il sur la terre une âme plus petite, plus impuissante que la mienne ? Cependant, à cause même de ma faiblesse, vous vous êtes plu à combler mes petits désirs enfantins ; et vous voulez aujourd'hui combler d'autres désirs plus grands que l'univers... »

Telles étaient les aspirations de Thérèse. Elle nous confie qu'elles étaient devenues pour elle un véritable martyre, et qu'un jour elle ouvrit les épîtres de saint Paul, afin de chercher quelque remède à son tourment. Elle tomba sur les chapitres XII et XIII de la première épître aux Corinthiens et elle lut que tous ne pouvaient être à la fois apôtres, prophètes et docteurs, que l'Église est composée de différents membres, et que l'œil ne saurait être en même temps la main.

La clarté de cet avis la frappa, sans lui donner la paix, mais, quand ensuite l'Apôtre explique que les dons les plus parfaits ne sont rien sans l'amour, que la charité est la voie la plus parfaite pour aller sûrement à Dieu, elle comprit. « Enfin, dit-elle, j'ai trouvé le repos. Considérant le corps mystique de la sainte Église, je ne m'étais reconnue dans aucun des membres décrits par saint Paul, ou plutôt je voulais me reconnaître en tous. La charité me donna la clef de ma vocation. »

Ma vocation c'est l'amour. Elle avait enfin entrevu le phare qui lui indiquait le port. Pour satisfaire pleinement l'amour, elle s'anéantirait. Elle veut aimer Jésus « comme jamais il n'a été aimé ».

« Ce que je demande, c'est l'amour. Je ne sais plus qu'une chose, vous aimer, ô Jésus! Les œuvres éclatantes me sont interdites, je ne puis prêcher l'Évangile, verser mon sang,... qu'importe? Mes frères travaillent à ma place, et moi, *petit enfant,* je me tiens tout près du trône royal, j'aime pour ceux qui combattent. »

Le petit enfant se contentera de jeter des fleurs, c'est-à-dire des sacrifices, des petits sacrifices; il n'en laissera échapper aucun, il profitera des moindres actions et il les fera par amour.

Telle est la doctrine de la voie d'enfance spirituelle exposée par Thérèse et qu'elle a demandé qu'on fît connaître après sa mort. Mais déjà nous en avions vu l'application dans le cours de sa vie, et dans les conseils qu'elle donne à ses novices. Dans ses épanchements au sein de sa communauté, la petite Sœur Thérèse de l'Enfant-Jésus nous est apparue telle qu'elle a été, telle qu'elle se présentera désormais aux yeux de tous ceux qui chercheront leur voie sur ses traces.

Elle disait à ses compagnes :

« Vous avez tort de critiquer ceci ou cela, de désirer que tout le monde se plie à votre manière de voir. Puisque nous voulons être de *petits enfants*, les petits enfants ne savent pas ce qui est le mieux, ils trouvent tout bien ; imitons-les. »

« Mais, lui répondait-on : qu'est-ce donc que rester petit?

— C'est reconnaître son néant, attendre tout du Bon Dieu, comme un petit enfant attend tout de son père. C'est ne s'inquiéter de rien, ne point gagner de fortune.

« ... C'est aussi ne point se décourager de

ses fautes, car les enfants tombent souvent, mais ils sont trop petits pour se faire beaucoup de mal. »

Parmi les vertus elle cultive la pauvreté.

Un soir où elle comptait beaucoup travailler, une sœur lui avait pris par mégarde sa lampe. Elle ne la réclama pas, estimant que la pauvreté consiste à se voir privé non seulement des choses agréables, mais indispensables. « Et, dans les ténèbres extérieures, je trouvai mon âme illuminée d'une clarté divine. »

Alors, elle fut prise d'un véritable amour pour les objets les plus laids et les moins commodes. « Ainsi j'éprouvai de la joie, lorsque je me vis enlever la jolie petite cruche de notre cellule pour recevoir à sa place une grosse cruche tout ébréchée. »

Quant à l'obéissance, elle est pour elle un soulagement, et combien elle a raison de reconnaître la délivrance d'inquiétudes que l'on doit à cette vertu ! « Que les simples religieuses sont heureuses ! Leur unique boussole étant la volonté des supérieurs, elles sont toujours assurées d'être dans le droit chemin, n'ayant pas à craindre de se tromper, même s'il leur paraît certain que les supérieurs se trompent. »

« Vraiment vous êtes une sainte, lui disait-on.

— Non, je ne suis pas une sainte : je n'ai jamais fait les actions des saints ; je suis une toute petite âme que le Bon Dieu a comblée de grâces... Il faut pratiquer les petites vertus. C'est quelquefois difficile, mais le Bon Dieu ne refuse jamais la première grâce qui donne le courage de se vaincre ; si l'âme y correspond, elle se trouve immédiatement dans la lumière. »

Et, avec une pénétration qui étonne chez un être si jeune, Thérèse disait une autre fois :

« La seule chose qui ne soit pas soumise à l'envie, c'est la dernière place ; il n'y a donc que cette dernière place qui ne soit point vanité et affliction d'esprit. Cependant *la voie de l'homme n'est pas toujours en son pouvoir ;* et parfois nous nous surprenons à désirer ce qui brille. Alors, rangeons-nous humblement parmi les imparfaits, estimons-nous de petites âmes que le Bon Dieu doit soutenir à chaque instant. Dès qu'il nous voit bien convaincus de notre néant, dès que nous lui disons : *Mon pied a chancelé, votre miséricorde, Seigneur, m'a affermi*, il nous tend la main ; mais, si nous voulons essayer de faire quelque chose de grand, même sous prétexte de zèle, il nous laisse seuls. Il suffit donc de s'humilier, de supporter avec douceur ses imperfections : voilà la vraie sainteté pour tous. »

Un jour une religieuse la vit boire lentement un exécrable remède.

« Mais dépêchez-vous donc, lui dit-elle, buvez cela tout d'un trait.

— Oh! non; ne faut-il pas que je profite des petites occasions qui se rencontrent de me mortifier un peu, puisqu'il m'est interdit d'en chercher de grandes. »

Cette grande âme qui eût accompli de grandes choses ne fut appelée qu'aux petites, mais elle en comprit la grandeur, elle la révéla ou plutôt la rappela, à la suite des Écritures, et cela, en un temps où la force impressionne encore tant de gens.

« Le Bon Dieu, dit-elle, ne méprise pas les combats ignorés et d'autant plus méritoires. L'homme patient vaut mieux que l'homme fort, et celui qui dompte son âme vaut mieux que celui qui prend des villes.

« Par nos petits actes de charité pratiqués dans l'ombre, nous convertissons au loin les âmes, nous aidons aux missionnaires, nous leur attirons d'abondantes aumônes; et par eux, nous construisons de véritables demeures spirituelles et matérielles à Jésus-Hostie. »

Et c'est cette même pensée qu'elle a exprimée, un jour, plus magnifiquement encore.

Alors qu'elle était déjà bien malade et que, suivant le conseil ou plutôt l'ordre de l'infirmière, elle essayait de marcher péniblement dans le jardin, une sœur lui dit :

« Vous feriez bien mieux de vous reposer; votre promenade ne peut vous être profitable dans de pareilles conditions; vous vous fatiguez, voilà tout.

— C'est vrai, répondit-elle, mais savez-vous ce qui me donne des forces?... Eh bien! *Je marche pour un missionnaire.* Je pense que là-bas, bien loin, l'un d'eux est peut-être épuisé dans ses courses apostoliques; et, pour diminuer ses fatigues, j'offre les miennes au Bon Dieu. »

*
* *

Sur cette doctrine spirituelle, sur la petite voie d'enfance, il est du plus haut intérêt d'écouter, au procès de canonisation, les témoignages de ses deux sœurs, Pauline et Céline, mère Agnès de Jésus et Mère Geneviève de Sainte-Thérèse.

*
* *

De la Mère Agnès de Jésus.

D'une seule phrase la sœur aînée de Thérèse résume complètement sa méthode.

« Cette petite voie est tout simplement une voie d'humilité revêtant un caractère spécial d'abandon et de confiance en Dieu, rappelant ce que l'on voit chez les tout petits enfants qui sont d'eux-mêmes dépendants, pauvres et simples en tout.

« *Je vous le dis en vérité, si vous ne consentez et ne devenez comme les petits enfants, vous n'entrerez point dans le royaume des cieux.* »

« Mais il ne faut pas se méprendre, insiste la Mère ; la pratique des préceptes évangéliques, en vertu desquels celui-là est le plus grand dans la nouvelle loi qui se fait le plus petit, n'implique pas que Thérèse eut *une piété mièvre et puérile, une piété enfantine, comme on l'a dit quelquefois.* »

« Rester petite devant Dieu, disait Thérèse, c'est reconnaître son néant, c'est ne point s'attribuer à soi-même les vertus qu'on pratique. »

« Il faut regarder Dieu et s'abandonner à lui, mais il faut aussi veiller sur l'ennemi et ne pas s'endormir dans l'insouciance; enfin il faut demeurer petit, même en accomplissant les charges les plus redoutables, même en atteignant une extrême vieillesse. Si je vivais jusqu'à quatre-vingts ans, après avoir rempli toutes les charges possibles, je sens très bien que je mourrais tout aussi petite qu'aujourd'hui. »

Son abandon en Dieu était si total qu'elle disait à sa sœur : « Autrefois l'espoir de ma mort m'était bien nécessaire et bien profitable; mais aujourd'hui, c'est tout le contraire, le Bon Dieu veut que je m'abandonne comme un tout petit enfant qui ne s'inquiète pas de ce qu'on fera de lui. »

Aussi, quelle que fût sa soif d'immolation, sa sœur dit qu'elle aurait cru sortir de son humble défiance d'elle-même en demandant à Dieu des souffrances plus grandes. « Je craindrais, disait-elle, d'être présomptueuse et que ces souffrances ne deviennent alors mes souffrances à moi, que je sois obligée de les porter seule. Jamais je n'ai rien pu faire toute seule. »

« Dieu, dit la Mère Agnès, qui la voulait

maintenir dans cette voie de simplicité, lui montra dans une circonstance qu'il n'en fallait pas sortir. A une époque de sa vie religieuse, elle aurait voulu imiter les macérations de quelques saints. Mais il lui arriva d'être malade pour avoir porté seulement quelques heures une petite croix de fer, et pendant le repos qu'elle dut prendre ensuite, le Bon Dieu lui fit comprendre que, si elle avait été malade pour avoir fait le petit excès d'enfoncer trop cette croix, durant si peu de temps, c'était signe que là n'était pas sa voie, ni celle des « petites âmes » qui devaient marcher à sa suite dans la même voie d'enfance où rien ne sort de l'ordinaire. »

Enfin la Mère Agnès insiste sur cette pensée de sa sœur, qu'ayant reconnu par expérience tous les bienfaits et les privilèges de cette voie qu'elle avait suivie, elle l'enseigna à ses novices.

Elle désira avoir Céline au Carmel surtout pour lui communiquer cette lumière. Sentant bien qu'elle avait découvert un trésor sans prix, elle voulait le montrer à tous, à tous les petits, dont, disait-elle, le nombre est grand sur la terre.

« Lorsqu'elle sut mon intention de publier

son manuscrit, dit sa sœur, elle ne reconnut son utilité que sous le rapport de faire connaître *sa voie*.

« — Je sens, me dit-elle, que ma mission va commencer, ma mission de faire aimer le Bon Dieu, comme je l'aime, de donner *une petite voie aux âmes*. »

* * *

De la Mère Geneviève de Sainte-Thérèse.

« L'ensemble de sa doctrine spirituelle et ses directions se résument dans ce qu'elle appelait « sa petite voie d'enfance ». Elles se ramènent, ce me semble, à deux idées générales : l'abandon et l'humilité.

« — Pour marcher dans la petite voie, disait-elle, il faut être humble, pauvre d'esprit et simple... Vous devriez vous réjouir de tomber, me dit-elle un jour, car si, en tombant, il ne devait pas y avoir offense de Dieu, on devrait le faire exprès, afin de s'humilier. »

Une autre fois, sa sœur lui exprimait le désir d'avoir de la mémoire pour retenir les textes de l'Écriture sainte. Elle lui dit : « Ah! vous voilà encore qui voulez posséder des richesses! S'appuyer là-dessus, c'est s'appuyer sur un fer rouge; il en reste une petite marque. »

Thérèse avait déjà écrit à sa sœur, le 25 avril 1893 : « Le Bien-Aimé n'a besoin ni de vos œuvres éclatantes, ni de vos belles pensées; s'il veut des conceptions sublimes, n'a-t-il pas ses anges, dont la science surpasse infiniment celle des plus grands génies de ce monde? Ce n'est donc ni l'esprit ni les talents qu'il vient chercher ici-bas... Il ne s'est fait la *Fleur des champs* qu'afin de nous montrer combien il chérit la simplicité. »

La simplicité, la simplicité unie à l'amour, et l'amour générateur de sacrifices : voilà la voie d'enfance de la petite Sœur Thérèse.

*
* *

Quand, après avoir retracé la vie de Sœur Thérèse de l'Enfant-Jésus, on a revu de près ses épreuves acceptées ou voulues, qu'on a pénétré ses sentiments et qu'on l'a suivie dans sa petite voie héroïque, quand on a été émerveillé de sa sainteté, on ne s'étonne plus qu'elle ait été proclamée sainte, et l'on ne dit plus, comme nous l'écrivions plus haut : Pourquoi a-t-elle été mise sur les autels?

Dans le tableau synthétique de sa vie, elle nous apparaît telle qu'elle est, telle que la Providence l'a donnée au monde, en lui faisant sa place en France.

Elle est née dans un milieu extra-spirituel, si bien qu'à trois ans elle se dit : « Moi aussi je serai religieuse, » qu'à neuf ans elle se déclare à elle-même que le Carmel sera le désert où elle se cachera, qu'à quinze ans elle veut y entrer et qu'à seize ans à peine elle en force les portes. Naturellement pieuse, voyant le devoir et n'admettant avec lui aucune transaction, rêvant du ciel, persuadée toute jeune du néant de ce qui passe, révérant Dieu, adorant Jésus, elle lui dit, le jour de sa première communion : « Je vous aime et je me donne à vous pour toujours, » puis, le jour de sa confirmation, elle déclare : « J'ai reçu la force de souffrir. »

Afin de sauver les âmes et de s'offrir pour les prêtres, elle entre avec joie dans sa cellule où elle aurait souhaité mourir parce qu'elle y a bien souffert. « Son cœur bat, » dit-elle, en franchissant la clôture. Mais elle a voulu être prisonnière, et s'il bat d'émotion et de sacrifice, il bat aussi d'amour. « Je vous supplie de me consumer, dit-elle à Jésus, » et elle s'écrie en mourant : « Je ne me repens pas de m'être livrée à l'amour. »

*
* *

Sa vie a été uniforme, jamais défaillante et même gaie, parce qu'elle s'est fait une joie de toute amertume et qu'elle a appris du Seigneur à profiter de tout.

« Pauvre petite carmélite, bien imparfaite, uniquement désireuse de travailler pour la gloire de Dieu, » elle est allée jusqu'à dire : « Si dans le ciel je ne pouvais plus travailler pour cette gloire, j'aimerais mieux l'exil que la patrie. »

Mais, malgré les épreuves spirituelles et physiques de la dernière heure, elle a gardé son courage et son espoir, elle a déclaré qu'elle ne voudrait pas moins souffrir et elle a fait un dernier acte d'amour en se tournant vers son crucifix, expirant, comme Jeanne d'Arc, sur le bûcher de la souffrance.

Il lui a du moins été épargné celle de l'abandon et de la trahison des hommes, peut-être parce qu'elle a choisi la petite voie, où elle a supporté les fatigues du chemin, en chantant les cantiques de l'allégresse.

« Ah! s'il fallait faire de grandes choses, combien nous serions à plaindre! Mais que nous sommes heureuses, puisque Jésus se laisse entraîner par les plus petites. »

*
* *

Humainement nous éprouvons une certaine tristesse à la lecture de la vie des saints, car il nous répugne de les voir tant souffrir, non pas seulement des pointes de fer qu'ils enfoncent dans leur chair, mais des calomnies et des injustices dont ils sont l'objet et que ne leur ménagent pas souvent de très honorables gens.

Les plus épargnés sont ceux qui simplement sont déclarés fous.

Et nous éprouvons plus particulièrement cette tristesse quand la souffrance physique ou morale s'abat sur un être faible, une femme, une enfant toute charmante à laquelle la vie offrait les fleurs qu'elle aimait et aussi les vastes horizons, et qui a marché volontairement sur les épines et mis un mur entre elle et l'univers.

Fleur elle-même, elle s'est inclinée à peine éclose, mais non sans donner son parfum et en promettant de le ramener sur la terre.

Cette revanche de la vertu apaise notre tristesse, et dans Thérèse de l'Enfant-Jésus nous vénérons celle qui réhabilite dans la société la beauté et la nécessité des ordres contemplatifs.

Il faut sans doute reconnaître que notre siècle est bien excusable de donner sa préférence à la vie religieuse active.

Lorsque l'École entend ne plus faire appel qu'à la lumière de la Raison, lorsque la morale éternelle est timidement abordée même par les maîtres que n'aveugle pas le sectarisme, lorsque la France ne paraît plus être la nation catholique, en ce sens que, si une noble élite y garde le feu sacré, les classes populaires sont étrangères aux choses religieuses dans les villes et le deviennent dans les campagnes, lorsque, sous prétexte de liberté de conscience, on viole la liberté et on oublie la conscience, lorsque l'autorité paternelle est méconnue, que le mariage n'est plus honoré et que les enfants qui naissent encore sont abandonnés sans frein à leurs plus mauvais instincts, en un mot lorsque la France naturellement chrétienne souffre de sa déchristianisation et risque de se défigurer dans le matérialisme, on comprend l'absolue nécessité de l'apostolat et l'on souhaite ardemment la floraison de missionnaires à l'intérieur.

Ce n'est donc pas l'heure de déprécier les saintes activités de l'apostolat et, dans un excès de mysticisme, de blâmer la multiplicité des œuvres. Elles ne seront jamais trop nombreuses.

Mais, comme le répétait souvent Thérèse, qui avait si bien le sens de la variété dans a création, *il y a plusieurs demeures dans la maison de mon père,* et celle qui comprit et seconda si bien l'activité des missionnaires, celle qui eût pu être une si noble fille de Saint-Vincent de Paul, préféra rayonner dans l'obscurité de la prière intime et des sacrifices cachés.

Elle appliqua la pensée de Stendhal :

« Qu'est-ce qu'un cœur humain peut donner à Dieu, sinon des souffrances ? »

C'est dans cette mystique qu'il faut la suivre pour la bien comprendre.

Croyants ou incroyants de bonne foi s'inclineront devant la sainte moniale qui souffrit volontairement, parce qu'elle eut la conviction que ses souffrances cicatriseraient des plaies, désaltéreraient les âmes assoiffées et guériraient les cœurs malades. Et vraiment n'est-il pas magnifique qu'il y ait toujours des contemplatrices, qui ont pour fin l'amour de Dieu, mais dont en même temps les prières et les sacrifices s'appliquent à ceux qui les persécutent comme à ceux qui les méconnaissent.

CHAPITRE V

Les Sources où puisa Thérèse.

Thérèse n'a pas été la première à s'ensevelir dans la retraite et à chérir l'humilité, et il est intéressant d'examiner comment elle s'est entraînée sur la route qu'elle a choisie.

Ainsi que nous avons eu l'occasion de le dire, elle n'abusa pas des livres ou du moins ne vécut que de quelques-uns qu'elle pénétra à fond. Une de ses compagnes conte que, se trouvant un jour devant une bibliothèque, elle dit avec sa gaieté habituelle : « Oh ! que je serais marrie d'avoir lu tous ces livres-là. Je me serais cassé la tête, j'aurais perdu un temps précieux que j'ai employé simplement à aimer le Bon Dieu. » Elle s'effrayait même de la multiplicité des livres pieux et disait : « En dehors de l'office divin que je suis heureuse, quoique bien indigne, de réciter chaque jour, je n'ai pas le courage de m'astreindre à chercher dans les livres de belles prières ; cela me fait mal à la tête : il y en a tant ! et puis, elles sont toutes plus belles les unes que les autres ! Ne pouvant donc les réciter toutes, et ne sachant lesquelles choisir, je fais comme les enfants qui ne savent pas lire : je dis tout simplement au Bon Dieu ce que je veux lui dire, et toujours il me comprend. »

Écoutons encore ce qu'elle dit dans l'*Histoire d'une âme :* « Ah! que de lumières n'ai-je pas puisées dans les œuvres de saint Jean de la Croix! A l'âge de dix-sept et dix-huit ans, je n'avais pas d'autre nourriture. Mais plus tard, les auteurs spirituels me laissèrent dans l'aridité, et je suis encore dans cette disposition. Si j'ouvre un livre, même le plus beau, le plus touchant, mon cœur se serre aussitôt et je lis sans comprendre, ou, si je comprends, mon esprit s'arrête sans pouvoir méditer. »

Et elle ajoute : « Dans cette impuissance, l'*Écriture sainte* et l'*Imitation* viennent à mon secours; en elles je trouve une manne cachée, solide et pure. »

Telle fut l'évolution de ses lectures; mais si restreintes fussent-elles, elle s'y donna, suivant l'ardeur de son tempérament, avec une telle avidité, qu'elle en reçut forcément une empreinte.

Au début de son séjour au couvent, elle approfondit les œuvres en quelque sorte classiques dans les carmels, celles de sainte Thérèse et de saint Jean de la Croix.

Elle eut aussi pour livre de chevet les fondements de la vie spirituelle du Père Surin; enfin elle trouva grand charme à lire *la Piété et la Vie intérieure* de Mgr de Ségur, et sûrement ces deux derniers livres méritèrent sa sympathie, parce que l'un et l'autre s'attachaient à recueillir le suc le plus pur des deux grands livres qui versèrent la force dans son âme haletante, l'Évangile et l'Imitation de Jésus-Christ.

A vrai dire, elle s'inspira plus de saint Jean de la Croix que de sa patronne Thérèse d'Avila.

Sans doute elle était attirée par le tendre amour de la grande mystique pour l'humanité, pour la passion de Jésus; mais, sur certains points, les deux Thérèses furent très différentes, et il ne pouvait en être autrement;

car la carmélite castillane et la carmélite normande appartenaient à des races et à des temps bien peu semblables, et puis l'une mourut à soixante-sept ans et l'autre à vingt-quatre ans, et comment serait-il possible de comparer deux vies aussi inégales? L'une put être une réformatrice célèbre et agissante et l'autre vécut ignorée dans l'obéissance de la réforme accomplie par la première. Et d'ailleurs, à quoi bon faire des parallèles inutiles? Cependant, comme Thérèse de Lisieux se mit à l'école de Thérèse d'Avila, il n'est pas sans intérêt de rappeler succinctement la vie et les sentiments de la grande fondatrice, et maintenant que nous connaissons la vie de Thérèse de Lisieux, nous verrons, si dissemblables que fussent les deux natures, combien leur jeunesse offrit de ressemblances!

*
* *

Thérèse d'Avila eut des parents d'une éminente piété, et plusieurs de ses frères et sœurs entrèrent dans les ordres; elle aima beaucoup une sœur dont la vertu irréprochable et la bonté parfaite eurent sur elle une grande influence; elle fut l'enfant préférée de son père, qui demeura le soutien, le charme et la consolation de sa vie. Elle perdit toute jeune sa mère, femme pieuse et douce, admirablement patiente dans les infirmités de sa vie.

Elle aussi était belle, avec un teint de lis et un front large, à la fois souriante et grave. Sa figure respirait une paix céleste, son port était majestueux et surtout elle était gaie.

A sept ans elle a déjà l'idée de se consacrer à l'apostolat religieux et, dans le jardin de son père, elle bâtit de petits monastères. Elle a une horreur invincible de tout ce qui est déshonnête; mais, si elle n'avait pas eu toute jeune des aspirations supérieures, elle aurait été volontiers au monde, et elle n'en ignora pas les charmes et les dangers.

Lorsqu'elle est mise en pension chez les Dames Augustines, elle y éprouve un cruel ennui. Puis peu à peu ses dispositions changent; elle ressent un bonheur inexprimable à entendre parler de Dieu, mais sans fadeur et sans vulgarité. Il lui fallut beaucoup de charité pour supporter les mauvais prédicateurs.

Comme Thérèse de Lisieux, elle ne trouva

pas de confesseurs qui la comprirent et elle se retourna vers le Directeur des directeurs : « Seigneur, commandez-moi ce que vous voulez et donnez-moi ce que vous me commandez. » Une fois cependant, par Pierre d'Alcantara, qui l'assura que l'esprit de Dieu agissait dans son âme, elle eut l'apaisement que rencontra aussi sa disciple avec le Père Alexis.

Pendant trois ans elle raisonne sa vocation et cherche conseil dans les épîtres de saint Jérôme. Elle prend un jour la résolution de se donner toute à Jésus-Christ et « ne balance plus » d'aller le déclarer à son père. Mais Alphonse Sanchez de Cepeda fut moins facile que M. Martin. Alors, elle quitta la maison paternelle et se réfugia au monastère de l'Incarnation ; elle avait vingt ans. Elle accomplit ce sacrifice avec l'affreuse douleur de se séparer d'un père chéri : « Je sentais tous mes os qui allaient se détacher les uns des autres. »

Thérèse n'abandonna pas non plus sans regret la nature qu'elle aimait au point de recommander plus tard que tout monastère ait la vue de jolis sites. Toujours elle aima l'eau, les champs et les fleurs qui étaient, disait-elle, comme un livre où se lisaient les bienfaits et la grandeur de Dieu.

Et aussi elle fit des poésies et nous a laissé une magnifique prose qui la classe parmi les grands écrivains.

Ribera nous dit qu'elle avait le jugement calme. « Son courage était bien au-dessus de celui d'une femme. C'était un courage tellement fort et viril qu'elle venait à bout de tout ce qu'elle voulait, et qu'avec l'aide de Dieu elle maîtrisait les passions naturelles. »

Les deux Thérèses ne viennent pas chercher le repos dans le monastère, mais les moyens de servir Dieu et le bien de leur âme, et Thérèse de Lisieux insiste plus encore sur le bien de l'âme des autres ; toutes deux se rejoignent dans l'amour divin.

Sans doute, Thérèse d'Avila fut une fondatrice et unit la vie active à la vie contemplative ; mais, avant de commencer ses fondations et d'opérer ses réformes, elle se cacha pendant plus de vingt ans dans un couvent où se trouvaient cent quatre-vingts religieuses et qui, dit-elle, « n'était pas établi sur les bases d'une perfection très élevée. »

Puis elle fut affaiblie par la maladie, rongée par la fièvre et presque mourante. « Ma langue, disait elle, était en lambeaux, à force de l'avoir mordue. »

Elle guérit, mais eut toute sa vie peu de santé et ne connut pas un seul jour sans souffrir. Elle entra peu après dans une crise de tiédeur qui lui donna des remords, mais ensuite elle reçut en abondance des faveurs qui manquèrent à Thérèse de Lisieux, des visions, des extases et des ravissements au point de s'écrier : « Seigneur, prenez garde à ce que vous faites : ne mettez pas une liqueur si précieuse dans un vase fragile ! »

Forte des dons du Seigneur, Thérèse d'Avila exprima sa doctrine sur la vie spirituelle comme Thérèse de Lisieux traça sa petite voie. A vrai dire, elles n'inventèrent rien l'une et l'autre, car elles rendirent simplement toutes deux la pensée de l'Église ; mais elles créèrent des méthodes qu'éclaira leur sainteté. Elles tendirent à la perfection par l'humilité, et elles reconnurent que l'âme ne peut acquérir le surnaturel par elle-même, quelque soin et quelque diligence qu'elle apporte. Enfin toutes deux firent surtout fonds sur l'Évangile, revenant à la source de tous les biens qui est la passion du Christ.

« L'office des contemplatifs, a dit Thérèse

d'Avila, est de souffrir comme Jésus a souffert et de tenir toujours la croix élevée, sans l'abandonner, quelques dangers qu'ils courent, sans montrer de la faiblesse, quelques peines qu'ils aient à souffrir. »

Donc Thérèse d'Avila a la foi que, du fond d'une cellule, on peut servir activement Dieu et l'Église par l'endurance de la souffrance, et, à une époque où la venue du protestantisme faisait perdre à Jésus tous les jours des amis, elle se dit qu'il fallait lui en donner de plus sûrs, et cette pensée l'amena à revenir à l'observance primitive du Carmel et à sa réforme. Ce fut sa voie. On sait comment elle y réussit, malgré les obstacles et les attaques de toutes sortes. Elle s'éteignit après avoir été frappée au cœur par une peine qui fut épargnée à Thérèse de Lisieux et qui lui sembla sûrement la pire. A la suite d'une contestation avec sa nièce, prieure à Valladolid, la sainte réformatrice fut congédiée, chassée du couvent par celle qu'elle aimait : *Abite, nec amplius huc revertamini.*

La grande voyageuse contemplative fit encore un épuisant voyage, se contentant pour toute nourriture de quelques figues sèches et d'herbes cuites, et elle vint mourir à Albe, se redressant soudain sur son séant quand le saint Sacrement entra dans sa cellule. C'est alors qu'elle jeta ce magnifique cri d'amour et d'espoir : « Seigneur, il est temps de nous voir ! »

*
* *

Assurément la méditation d'une telle vie et d'un tel exemple impressionnèrent la carmélite qui avait voulu se plier à la règle de la grande réformatrice, mais c'est surtout sur les pas de saint Jean de la Croix qu'elle semble avoir trouvé la voie d'amour.

Elle fut naturellement séduite par la figure de ce saint tant éprouvé, qui, tout enfant, avait été enflammé comme elle par les plus célestes ardeurs et avait cherché et aimé le sacrifice, avant même d'entrer dans le cloître. Intelligent, poète, artiste, tendre et pieux, il a toutes les qualités par lesquelles il peut plaire à Thérèse. Et puis, plus que les deux Thérèses, il fut malheureux et il souffrit injustement, c'est-à-dire qu'il se rapprocha plus près du Christ. Calomnié, emprisonné, flagellé, méconnu de ceux qui auraient dû le connaître et le soutenir, il acheva sa vie dans l'isolement et l'humiliation, mais aussi dans la plus sainte résignation : *Domine pati et contemni pro te.* Mais, ce durant, même en prison, après avoir réussi à faire comme Thérèse d'Avila la réforme de son ordre, il définissait dans des œuvres admirables sa doctrine mystique. « La perfection de la vie spirituelle, dit-il dans *la Vive flamme d'amour,* est la possession de Dieu par l'union d'amour. » Ce principe étant posé, il annonce à l'âme qui veut gravir la montagne mystique ce qui l'attend ; il lui faut bannir de son sein non seulement les dieux étrangers, c'est-à-dire les passions et les attaches du dehors, mais aussi entrer dans la nuit de l'esprit après celle des sens et en purifier les puissances ; enfin, ce qui est encore plus douloureux et plus pénible, l'âme doit même se détacher des biens surnaturels. « L'attache à ces biens, déclare saint Jean de la Croix, rend l'amour divin aussi impossible que l'attache aux biens naturels. »

Parole dure et presque incompréhensible, mais que, dans son héroïque expérience, comprit bien Thérèse de Lisieux.

Le saint explique, dans *la Montée du Carmel,* les dangers auxquels on s'expose en convoitant avec trop d'ardeur les biens surnaturels, ou en s'y attachant par amour-propre. Les joies spirituelles, ces dons de Dieu, sont destinées à nous rapprocher de lui ; l'abus que nous pouvons en faire risque de nous en éloigner. « Au jour du jugement, écrit saint Jean de la Croix, on verra le Seigneur punir des âmes qu'il avait honorées ici-bas de ses entretiens familiers et favorisées de ses dons et de ses lumières. Trop confiantes dans leurs rapports habituels avec Dieu, *elles ont négligé les devoirs de leur état,* et encourent ainsi ses justes reproches. »

Saint Jean de la Croix, sainte Thérèse d'Avila ont passé par les mêmes épreuves, c'est-à-dire par ces assauts du démon, par ces agonies « où il ne vient à l'âme ni consolation du ciel où elle n'habite pas encore, ni de la terre d'où elle n'en veut pas recevoir ». Seul le divin médecin peut donner les remèdes de sa grâce à de pareils tourments.

C'est le secret de la vie mystique.

« Pour goûter tout, n'ayez de goût pour rien. » C'est ce sublime avis du grand mystique qu'écouta jusqu'à l'extrême la petite Sœur Thérèse. « Plusieurs saints sont au ciel, dit saint François de Sales, qui jamais ne furent en extase ou ravissement de contemplation. »

Ce fut le cas de Thérèse de Lisieux. Elle fit sa sainteté en accomplissant ses *devoirs d'état*, et en les surpassant.

*
* *

Thérèse nous dit aussi qu'elle médita les fondements de la vie spirituelle du Père Surin, ce qui s'accorde très bien avec le secours fréquent qu'elle alla chercher dans l'*Imitation* de Jésus-Christ. En effet le livre du Père Surin, jésuite mystique du XVIIe siècle, est une suite de commentaires sur l'*Imitation*. Mais il est cependant plus qu'une explication de ces pages enflammées, il en est le prolongement; et l'auteur, d'une manière aussi originale qu'ardente, prêche le détachement des créatures au plus haut point où puisse atteindre une âme humaine.

Ce livre eut sûrement une grande influence sur Thérèse, jusqu'au jour où elle se réfugia uniquement dans l'Évangile et ferma les livres, parce qu'elle allait au delà de leur contenu et ne pouvait plus méditer sur de l'imprimé. « Jésus, disait-elle, n'a pas besoin de livres ni de docteurs pour instruire les âmes. »

Elle médita chez le Père Surin les pensées suivantes :

« Le vrai repos est dans la croix.

« Ce n'est pas être fou que de mépriser sa bonne réputation.

« Il faut dompter l'amour-propre dans le point le plus délicat, qui est de se rechercher soi-même jusque dans les biens spirituels.

« Une âme noble et généreuse se prive aisément de toute consolation humaine.

« La chose du monde la plus souhaitable est de savoir se renfermer en soi-même.

« Plus un homme est mort à lui-même, plus il est capable des dons de Dieu.

« Il n'est pas croyable combien les saints se sont mortifiés !... Leurs vies sont bien au-dessus des nôtres et nos faibles raisonnements n'en approchent point.

« Dieu exerce fortement les vrais dévots et les met à de très rudes épreuves.

« C'est par *la voie étroite* que la Providence a accoutumé de conduire les enfants de Dieu.

« Dès que le Sauveur se mit à instruire les hommes, il commença d'être maltraité des hommes, et il le fut jusqu'à la mort.

« Quand une âme a reçu la grâce, le froid de l'aridité vient incontinent, afin que cette divine semence germe et produise dans la saison d'excellents fruits de toutes bonnes œuvres.

« En renonçant à tous les biens et à tous les avantages du monde, on se rend capable de la lumière divine qui fait connaître beaucoup plus de choses qu'on n'en saurait concevoir par la spéculation et par la lecture.

« Le monde et le diable ensorcellent tellement la plupart des hommes et leur remplissent l'esprit de tant de fausses idées que les plus sages ont de la peine à se détromper des erreurs communes.

« Dieu ne saurait souffrir qu'une âme qui veut être à lui partage son cœur entre lui et les créatures.

« Quiconque aspire à la parfaite sainteté ne doit avoir pour but que de plaire à Notre-Seigneur.

« L'envie trop grande d'avoir toutes nos commodités et de réussir en tout nous empêche d'aller à Dieu.

« L'amour-propre est la racine de toutes les passions.

« Les exercices propres pour retrouver Jésus,

quand on l'a perdu, sont l'oraison et la patience.

« Un homme patient qui ne désire que d'imiter le Sauveur accepte très volontiers la pauvreté, la maladie, l'incommodité du froid et du chaud, les persécutions et généralement tout ce qu'il y a de plus rude et de plus insupportable dans la vie, par le seul amour de la croix.

« Il y a deux sortes de petites choses ; les unes sont petites en apparence et grandes en effet, les autres sont petites en effet et en apparence.

« Les hommes qui naissent tous avec le désir du vrai bonheur, et qui pensent le trouver, sans sortir d'eux-mêmes, reconnaissent enfin qu'ils se sont trompés.

« La lumière surnaturelle qui vient par la contemplation est préférable à celle qui vient par l'étude et par le discours.

« Saint Bonaventure et saint Thomas étaient devenus plus savants au pied du crucifix que dans la lecture des Pères.

« Quel mal me peut faire ce qu'on dit de moi, si Dieu en juge autrement.

« Il n'y a pas de moyen plus assuré pour jouir d'un vrai repos que de ne rien désirer.

« Aimer Dieu de tout son cœur, c'est ne donner entrée dans son cœur qu'à Dieu.

« Le Fils de Dieu, homme, a continuellement suivi *la voie la plus rude et la plus étroite* qui est celle de la mortification et du dénûment de toutes choses, et il l'a enseignée au monde.

« Quand une âme a renoncé généralement à tout, quand, par un travail de plusieurs années, elle est arrivée enfin à un tel état que rien au monde n'est capable ni de lui faire de la peine, ni de l'attirer et de la charmer, alors elle est libre ; elle peut voler comme la colombe sortant de l'arche, et s'élever jusqu'au ciel, pour s'y reposer entre les bras de son créateur.

« La libéralité de Dieu répond à celle de l'homme. Qui offre peu reçoit peu ; qui donne tout gagne tout, mais qui se réserve seulement un de ses cheveux ne gagne pas tout. »

***

Ces extraits du traité mystique du Père Surin peuvent paraître nombreux ; ils auraient cependant besoin d'être encore complétés, car ils marquent en quelque sorte les degrés de l'ascension de Thérèse, et ils expriment tous ses sacrifices. Jusqu'à la dernière seconde elle s'applique à ne pas réserver un seul de ses cheveux pour gagner le tout.

*
* *

Thérèse s'inspira aussi, nous dit-elle, du livre de Mgr de Ségur, *la Piété et la Vie intérieure.* Mais les conseils donnés dans ces pages s'adressent plutôt aux chrétiens qui veulent se sanctifier dans le monde, qu'à ceux qui embrassent la vie religieuse. Thérèse les dépassa, et dut surtout méditer le chapitre consacré au renoncement parfait des saints. « Le degré sublime de renoncement, dit Mgr de Ségur, est une mort parfaite à soi-même, une détestation universelle et incessante de toute imperfection, même involontaire; c'est une correspondance infiniment fidèle à une grâce surabondante et un abandon total de tout l'homme entre les mains de Notre-Seigneur; de telle sorte que les saints ne veulent pas seulement ce que le Bon Dieu veut, mais en la manière qu'il le veut, et avec une perfection dont nous sommes incapables.

« Leur cœur tout pénétré d'amour est comme une molle cire capable de recevoir les moindres impressions de Jésus. En cela consiste le plus parfait degré du renoncement qui, selon François de Sales, « faisait saintement trépasser « nostre volonté dans la très douce et très pure « volonté de Dieu, comme la lumière des « estoilles trépasse en celle du soleil au lever « du jour. »

*
* *

Enfin, arrivons à l'Écriture sainte et à l'Imitation où Thérèse trouve « une manne cachée solide et pure », à l'Évangile surtout où « elle puise tout ce qui est nécessaire à sa pauvre petite âme ».

Nous n'avons qu'à entendre ses appels au secours dans l'*Histoire d'une âme :*

Dans l'Imitation, elle recueille ces encouragements :

« O Jésus! douceur ineffable, changez pour moi en amertume toutes les consolations de la terre.

« Dieu se communique parfois au milieu

d'une vive splendeur, ou bien doucement voilé sous des ombres ou des figures.

« Jamais l'amour ne trouve d'impossibilité, parce qu'il se croit tout possible et tout permis.

« Ne poursuivez pas cette ombre que l'on appelle un grand nom.

« La royauté seule enviable consiste à vouloir être ignorée et comptée pour rien.

« Il vaut mieux laisser chacun dans son sentiment que de s'arrêter à contester.

« Ce ne sont pas les occasions qui rendent l'homme fragile, mais elles montrent ce qu'il est.

« Le véritable pauvre d'esprit, où le trouver? Il faut le chercher bien loin... »

*
* *

Et aussi Thérèse puisait dans les Écritures; elle accompagnait, fortifiait ses saints désirs du chant des Psaumes et du Cantique des cantiques, et elle faisait ses emprunts aux Proverbes; mais ici les citations seraient trop nombreuses, il faut choisir :

« Le Seigneur est mon pasteur, je ne manquerai de rien. Il me fait reposer dans des pâturages agréables et fertiles; il me conduit doucement le long des eaux... Mais, lors même que je descendrais dans la vallée de l'ombre de la mort, je ne craindrais aucun mal, parce que vous serez avec moi, Seigneur!

« Soyez béni, ô mon Dieu, pour ces années de grâces que nous avons passées dans les maux.

« Le Seigneur voit notre fragilité et se souvient que nous ne sommes que poussière.

« Votre miséricorde s'élève jusqu'aux cieux.

« Vous m'avez instruite dès ma jeunesse, et jusqu'à présent j'ai annoncé vos merveilles; je continuerai de les publier dans l'âge le plus avancé.

« Je suis jeune et méprisé... Je suis devenu plus prudent que les vieillards, parce que j'ai cherché votre volonté. Votre parole est la lampe qui éclaire mes pas; je suis prêt à accomplir vos ordonnances, et je ne suis troublé de rien.

« Seigneur, vous me comblez de joie par tout ce que vous faites.

« Qu'il est bon, qu'il est doux à des frères d'habiter ensemble dans une parfaite union!

« Le frère qui est aidé par son frère est comme une ville fortifiée.

« Attirez-moi, nous courrons à l'odeur de vos parfums.

« La doctrine d'un homme se prouve par sa patience.

« Le Seigneur se lèvera pour sauver tous les doux et les humbles de la terre.

« *O tout petit!* venez, apprenez-moi la finesse.

« La charité couvre la multitude des péchés.

« Nos harpes sont suspendues aux saules qui bordent le fleuve de Babylone... Nous répandons des larmes en nous souvenant de Sion; comment pourrions-nous chanter les cantiques du Seigneur sur la terre étrangère?

« Je suis la *Fleur des champs* et le Lys des vallées.

« Je suis descendue dans le jardin des noyers pour voir les fruits de la vallée, pour considérer si la vigne a fleuri et si les pommes de grenade ont poussé. Je n'ai plus su où j'étais; mon âme a été troublée par les chariots d'Aminadab. »

*
* *

Et Thérèse explique que c'est là l'image de nos âmes. « Souvent, dit-elle, nous descendons dans les vallées fertiles où notre cœur aime à se nourrir ; et le vaste champ des Écritures qui tant de fois s'est ouvert pour répandre en notre faveur ses plus riches trésors, ce champ lui-même nous semble un désert aride et sans eau ; nous ne savons même plus où nous sommes : au lieu de la paix, de la lumière, le trouble et les ténèbres sont notre partage. Mais comme l'épouse du Cantique des cantiques, nous connaissons la cause de cette épreuve : *Notre âme est troublée à cause des chariots d'Aminadab...* Les chariots sont les vains bruits qui nous affligent... Mais Jésus le sait ; il est témoin de notre tristesse, et dans la nuit soudain sa voix se fait entendre : « Reviens, reviens, ma « Sulamite, reviens afin que nous te considérions. »

*
* *

Dans l'Évangile, Thérèse va chercher les mêmes appuis qu'elle a trouvés dans l'Ancien Testament. Elle relève ces directions et ces consolations :

« Si quelqu'un m'aime, a dit Jésus, il gardera ma parole ; et mon Père l'aimera et *nous viendrons à lui*, et nous ferons en lui notre demeure. »

Et, dans les dernières années de sa vie, c'est l'Évangile qui occupe désormais seul l'esprit de la carmélite ; elle ne veut plus rien apprendre que de la bouche du Sauveur.

Elle se nourrit de sa parole.

« A celui qui possède on donnera encore et il sera dans l'abondance.

« Ne craignez rien, *petit troupeau*, car il a plu à mon Père de vous donner son royaume.

« Les ténèbres n'ont point compris qu'il était la lumière du monde.

« Ayez pitié de nous, Seigneur, car nous sommes de pauvres pécheurs.

« Le second commandement est semblable au premier : Tu aimeras ton prochain comme toi-même.

« Il n'y a pas de plus grand amour que de donner sa vie pour ceux qu'on aime.

« Personne n'allume un flambeau pour le mettre sous un boisseau, mais on le met sur le chandelier afin qu'il éclaire tous ceux qui sont dans la maison.

« Si vous aimez ceux qui vous aiment, quel gré vous en saura-t-on ? Car les pécheurs aussi aiment ceux qui les aiment.

« Donnez à quiconque vous demande ; et, si l'on prend ce qui vous appartient, ne le redemandez pas...

« N'évitez point celui qui veut emprunter de vous.

« Quand vous faites un festin, n'invitez pas vos parents et vos amis, de peur qu'ils ne vous invitent à leur tour, et qu'ainsi vous ayez reçu votre récompense ; mais invitez les pauvres, les boiteux, les paralytiques et vous serez heureux de ce qu'ils ne pourront vous rendre, et votre Père qui voit dans le secret vous en récompensera.

« *Ce que vous aurez fait au plus petit des miens*, c'est à moi que vous l'aurez fait.

« Employez les richesses, qui rendent injustes, à vous faire des amis qui vous reçoivent dans les tabernacles éternels.

« Les enfants de ténèbres sont plus habiles dans leurs affaires que les enfants de lumière.

« Il y a plusieurs demeures dans la maison de mon Père.

« J'étais malade et vous m'avez visité.

« L'esprit de Dieu souffle où il veut.

« Quand tu seras revenu à toi, confirme tes frères.

« Tout ce que vous demanderez à mon Père en mon nom, il vous le donnera.

« Si quelqu'un me suit, en quelque lieu que je sois, il y sera aussi et mon Père l'élèvera en honneur.

« Apprenez de moi que je suis doux et humble de cœur, et vous trouverez le repos de vos âmes.

« Je vous ai donné l'exemple afin que vous fassiez vous-même ce que j'ai fait. Le disciple n'est pas plus grand que le Maître... Si vous comprenez ceci, vous serez heureux en le pratiquant.

« Levez les yeux et voyez comme les campagnes sont déjà assez blanches pour être moissonnées... La moisson est abondante, mais le nombre des ouvriers est petit; demandez donc au Maître de la moisson d'envoyer des ouvriers.

« C'est vous qui êtes demeurés avec moi dans toutes les épreuves que j'ai eues, aussi je vous prépare mon royaume, comme mon Père me l'a préparé.

« Mettez-lui un anneau au doigt et réjouissons-nous. »

*
* *

Cet anneau que le Père miséricordieux mit au doigt du fils humilié et retrouvé, c'est celui qu'ambitionna toute sa vie l'humble Thérèse et, par ces paroles de l'Évangile qui viennent naturellement sur ses lèvres, quand elle conte l'histoire de son âme, nous la suivons dans ses aspirations.

Elle attend tout de Jésus et elle l'implore, et elle lui donnera sa vie, car c'est la plus grande marque d'amour; elle passera par toutes les patiences et les immolations et elle a toute confiance qu'elle atteindra celui qu'elle poursuit. Elle sera la diligente et rare ouvrière de la moisson qui blanchit, et elle voit bientôt luire le jour où lui sera rendu l'anneau perdu par la faute originelle.

*
* *

Combien nous comprenons maintenant, après l'avoir vue le plus près possible, et quelle que soit l'imperfection de cet examen, combien nous comprenons la sainteté de Thérèse de l'Enfant-Jésus!

Dès son enfance, elle eut l'ambition de devenir une sainte et, une fois au Carmel, elle est possédée de ce désir, de cette passion et le déclare au prédicateur de la retraite. « Je me sens, écrit-elle, la même confiance audacieuse de devenir une grande sainte. Je ne compte pas sur mes mérites, n'en ayant aucun, mais j'espère en celui qui est la vertu, la sainteté même. C'est lui seul qui, se contentant de mes faibles efforts, m'élèvera jusqu'à lui, me couvrira de ses mérites et me fera *sainte.* »

Elle eut la folie des saints, c'est-à-dire celle de s'affranchir le plus possible de la nature et de gagner par les sacrifices les sommets de l'humanité.

Chaste, docile et pauvre, elle priera pour ceux qui ne le sont pas, comme aussi pour ceux qui le sont et qui ont besoin d'être soutenus par la communion des saints.

Elle sait qu'il y a eu des saintes chez les reines, les bergères, les courtisanes, les ouvrières et les mendiantes; pour elle, elle restera une petite carmélite méprisée, souffrante et patiente, qui n'aura pas la consolation des visions et des extases et offrira, par amour de Dieu et des âmes, dans le secret de son âme, les souffrances de son corps et les aridités de son esprit.

« Rien ne me tient aux mains. Tout ce que je gagne, c'est pour l'Église et pour les âmes... Ma consolation est de n'en pas avoir sur la terre. »

Et c'est parce qu'elle eut sur la terre une vie cachée et douloureuse, c'est parce qu'elle fut douce et bonne, qu'elle aima les créatures plus qu'elle-même, qu'elle souffrit, qu'elle mourut pour elles et qu'elle leur promit de descendre du ciel, c'est pour cette héroïcité si compréhensible à tous qu'elle a conquis la sainteté.

TROISIÈME PARTIE

La Survivance

CHAPITRE PREMIER

Thérèse sur les autels.

Le dernier chapitre de l'*Histoire d'une âme,* qui, comme nous l'avons dit plus haut, a été composé par les carmélites témoins de la mort de leur sainte sœur, conte très brièvement et très simplement ce qui se passa après que Thérèse eut expiré.

« Aussitôt sa bienheureuse mort, la joie du dernier instant s'imprima sur son front, un ineffable sourire animait son visage. Nous lui mîmes une palme à la main, cette palme que, treize ans plus tard, on devait retrouver intacte dans le cercueil, lors de la première exhumation.

« En même temps il commença à se produire dans la communauté certains faits extraordinaires dont voici quelques exemples : le premier est celui de la religieuse converse qui, baisant les pieds de l'angélique vierge, y appuya son front avec confiance, et fut instantanément guérie d'une anémie cérébrale.

« Une autre religieuse jouit d'un parfum de violettes très accentué dans sa cellule où ne ne se trouvait aucune fleur. Une autre eut l'impression suave et fraîche d'un baiser donné par un être invisible. Deux sœurs encore aperçurent, l'une un rayon dans le ciel, l'autre une couronne lumineuse qui s'élevait de terre et se perdait dans les hauteurs du firmament. »

Suivant l'usage du Carmel, la carmélite défunte fut exposée à la grille du chœur, visage découvert, avant le jour de l'inhumation.

Durant le samedi et le dimanche une foule nombreuse et recueillie ne cessa d'affluer dans la chapelle et de faire toucher à la carmélite des chapelets, des médailles et des bijoux.

Son pauvre corps bien amaigri gardait toujours l'empreinte d'une grâce enfantine.

« Elle avait l'air d'une vierge martyre étendue sur sa châsse, » rapporte une ancienne maîtresse des novices.

Néanmoins, dans la ville, comme d'ailleurs au monastère, on n'honorait qu'une sainte religieuse qui venait de mourir et on ne voyait pas plus loin.

Le journal *le Normand* rend bien les sentiments d'alors : « C'est avec un sentiment de tristesse que nous avons appris, jeudi soir, le décès au monastère de Notre-Dame du Carmel d'une jeune personne qui écoula, dans une vie de prières et de sacrifices, les plus belles années de sa jeunesse. Mlle Marie-Françoise-Thérèse Martin renonça au monde dès l'âge de quinze ans, et, en se consacrant à Dieu, devint Sœur Thérèse de l'Enfant-Jésus. Elle disparaît après dix années d'une vie angélique à l'ombre du cloître, et la mort qui vient de la faucher à la fleur de l'âge, en mettant un terme à de longues et cruelles souffrances, a déjà posé sur son front, nous en avons la confiance, l'immortelle couronne, objet de ses continuelles aspirations d'ici-bas. »

Le service et l'inhumation eurent lieu le lundi 4 octobre, et ce fut un modeste cortège, composé surtout d'ecclésiastiques, qui monta au champ des Remouleux et accompagna le pauvre cercueil jusqu'à l'enclos qui, dans le haut du cimetière, venait d'être acheté pour les Carmélites.

Le corps fut descendu dans une fosse profonde, recouverte hâtivement de terre, et les rares assistants se retirèrent sans certainement se douter que, treize ans plus tard, il serait procédé à une exhumation, à la suite de l'introduction du procès de béatification de la petite Sœur Thérèse. Quelques jours plus tard, une croix de bois était plantée sur sa tombe et on lisait, à la suite de son nom, les mots mystérieux : *Je veux passer mon ciel à faire du bien sur la terre.*

Mais l'appel d'une humble croix sur une tombe d'un petit cimetière de Normandie, cela suffisait-il dans l'ordre de la nature pour répandre dans l'univers l'influence d'une âme? C'est Thérèse elle-même qui allait se révéler au monde, et c'est la Mère Marie de Gonzague qui devait lui en donner le moyen.

Il est dans les usages du Carmel qu'après le décès de chaque religieuse, la prieure envoie à tous les monastères de l'Ordre une notice sur la défunte.

« La Mère Marie de Gonzague, écrit Mgr Laveille, adopta l'idée qui lui fut suggérée de faire imprimer l'*Histoire d'une âme* et de l'adresser, en guise de biographie de Sœur Thérèse, à tous les carmels. L'ouvrage parut en octobre 1898.

« On s'étonna d'abord, on lut, et ce fut, de divers points de la France, une première explosion d'admiration. Le livre, une fois médité dans les monastères, fut prêté aux amis du Carmel. Dès lors, les demandes d'exemplaires affluèrent au couvent de Lisieux. C'était le point de départ d'une diffusion que, sans doute, n'a connue aucun livre de piété depuis plus d'un siècle. »

La vie de Thérèse est désormais connue, et, de cette connaissance, jaillirent les prières les invocations, les guérisons, les grâces spirituelles, les secours de toute nature. Le mouvement s'étend, se généralise, déborde de France et d'Europe et envahit toutes les parties du monde.

Ce sont d'abord des jeunes filles françaises, puis des Irlandaises, des Portugaises, des Italiennes, des Argentines qui se font postulantes pour ensevelir pieusement leur vie dans le Carmel où a vécu Thérèse, mais Lisieux ne put toutes les accueillir et elles furent dirigées sur divers couvents.

Elles entraient déjà par Thérèse à l'école du sacrifice.

En même temps, des prêtres nombreux venaient mettre sous sa protection leur apostolat, particulièrement les missionnaires auxquels elle s'était toujours tant intéressée et dont elle avait envié la carrière.

« Je puis témoigner, a dit le Père Roulland, l'un de ses deux frères spirituels, que dans nos missions du Japon, de la Chine et des Indes, non seulement la confiance en la sainteté et le pouvoir d'intercession de Sœur Thérèse sont très répandus, mais qu'elle exerce vraiment une influence très remarquable sur la conversion des âmes et leur avancement dans la vertu. Au Japon, en particulier, beaucoup de religieuses trappistines disent qu'elles doivent leur vocation à l'action de Sœur Thérèse de l'Enfant-Jésus dont elles ont lu la vie. »

Et d'Afrique, là où s'exerça la mission de l'autre frère spirituel de Thérèse, un Père blanc écrivait :

« Dans presque toutes les huttes de nos chrétiens et dans toutes nos salles de catéchisme, j'ai fait placer l'image de la jeune sainte. J'ai résumé à mes catéchistes la vie de Sœur Thérèse, je leur ai distribué son image en leur recommandant de solliciter par son intercession la conversion d'un pays entier.

Ils l'ont fait, et, depuis ce jour-là, les païens viennent au catéchisme, non par unités, mais par foules compactes... »

En même temps, sur les corps comme sur les âmes, Sœur Thérèse fait tomber la pluie de roses, et, en 1917, fut annexé pour la première fois à l'*Histoire d'une âme* un résumé des grâces les plus remarquables obtenues par les prières adressées à la carmélite de Lisieux.

Bientôt on ne peut plus compter les guérisons obtenues par Thérèse à travers le monde, si bien que, frappée de tous ces faits, l'autorité ecclésiastique permit le choix d'un postulateur et d'un vice-postulateur destinés à promouvoir la cause de béatification de Sœur Thérèse de l'Enfant-Jésus.

Il est dit dans l'épilogue de l'*Histoire d'une âme :* « Le T. R. Père Rodrigue de Saint-François de Paule, carme déchaussé de Rome et postulateur des causes du Carmel, accepta, au début de 1907, la postulation de celle-ci, tandis que Mgr Roger de Teil, prélat de la maison de Sa Sainteté, assuma à Paris le rôle de vice-postulateur. En mars 1910, S. G. Mgr Lemonnier ordonna dans son diocèse la recherche des écrits de la servante de Dieu, et constitua, au mois de juillet suivant, le tribunal ecclésiastique chargé d'instruire la cause. Le 12 août de la même année, les dépositions commencèrent, et onze religieuses du Carmel de Lisieux, parmi lesquelles neuf ayant vécu avec Sœur Thérèse de l'Enfant-Jésus, furent citées comme témoins.

« ... En outre, vingt-six autres témoins, dont seize *de visu*, convoqués à des titres différents, apportèrent leurs déclarations très documentées.

« Au cours de cette première session du tribunal, on procéda, au cimetière de Lisieux, à l'exhumation des restes de la sainte carmélite, afin d'en assurer la conservation..., et, le 6 septembre 1910, en présence de S. G. Mgr Lemonnier, on transféra la précieuse dépouille dans un caveau cimenté.

« La nuit qui précéda l'émouvante cérémonie, la Bienheureuse était apparue à la Révérende Mère Carmela, prieure du Carmel de Gallipoli (Italie), laquelle ignorait l'événement, et lui avait prédit qu'on ne retrouverait d'elle que des ossements. Ce fut exact.

« Le procès de réputation de sainteté se termina au cours de l'été 1911 ; il fut suivi bientôt de celui de *non-culte*, et, après une clôture solennelle des séances, le 12 décembre 1911, toutes les pièces de la procédure (dite information), réunies et copiées, furent portées à Rome, à la Sacrée Congrégation des Rites...

« ... De tous les points du globe, des pétitions, appuyées de millions de signatures, affluèrent au Vatican pour demander la béatification de cette puissante protectrice. L'Angleterre et le Canada apportèrent à ce plébiscite un concours imposant par le nombre et la qualité des signataires.

« Au cours de la guerre européenne, des soldats de tout rang prirent la même initiative, et, du champ de bataille, plaidèrent auprès du Souverain Pontife la gloire de *leur petite sœur des tranchées*.

« Enfin, au Brésil, un mouvement analogue provoquait le don magnifique d'une châsse d'or et de pierres précieuses devant contenir les saintes reliques, pour les porter en procession...

« Le 9 juin 1914, Sa Sainteté le Pape Pie X, sur l'avis favorable des cardinaux de la Sacrée Congrégation des Rites, avait signé l'*Introduction de la cause en cour de Rome*, et, en mars 1915, le Saint-Siège octroyait, par des lettres rémissoriales, à Mgr Lemonnier les pouvoirs de constituer un nouveau tribunal en vue du procès apostolique...

« En l'année 1917, le 10 août, une seconde exhumation de la servante de Dieu s'imposait, suivant les formes canoniques.

« Bien que restée secrète, la cérémonie prit l'allure d'un triomphe, par l'affluence spontanée et recueillie de milliers de personnes. Cette fois, les ossements furent identifiés par deux médecins experts et déposés dans un premier coffret de chêne sculpté, contenu lui-même dans un cercueil de palissandre doublé de plomb.

« Le 30 octobre suivant, dans le cadre grandiose de la cathédrale de Bayeux, eut lieu la séance de clôture du procès apostolique. Il avait compris quatre-vingt-onze sessions et présentait un dossier de deux mille cinq cents pages, dont près de deux mille se reféraient à l'étude de l'héroïcité des vertus.

« Mgr de Teil, vice-postulateur, accepta la charge de *portior,* et remit lui-même à la Sacrée Congrégation des Rites les importants volumes.

« ... Le 10 décembre 1918, la validité de ces pièces fut reconnue, et dans la suite le pape

Benoît XV daigna exempter la cause des cinquante années de délai imposées désormais par le Droit canonique entre la mort des serviteurs de Dieu et la discussion judiciaire de leurs procès de béatification.

« Le 14 août 1921, après les notes favorables des congrégations, Benoît XV promulguait le décret sur l'héroïcité des vertus de Sœur Thérèse de l'Enfant-Jésus.

« Le 11 février 1923, S. S. Pie XI promulguait le décret d'approbation des miracles obtenus par Sœur Thérèse, l'un en faveur d'un séminariste du diocèse de Bayeux, l'autre en faveur d'une religieuse des filles de la Croix à Ustaritz (Basses-Pyrénées).

« Enfin, le 29 avril 1923, Sœur Thérèse de l'Enfant-Jésus était solennellement proclamée *Bienheureuse* et proposée au monde chrétien comme le type idéal de *l'enfant* de Dieu. »

* * *

Cet événement provoqua, dans le vieux comme dans le nouveau monde, les enthousiasmes les plus vibrants et les fêtes les plus émouvantes.

Le Carmel où s'était cachée l'humilité de le sainte exalta sa mémoire dans un triduum solennel sous la bénédiction du cardinal Vico, légat du Saint-Siège; et, bientôt après, la ville de Lisieux, en présence des cardinaux Bourne, primat d'Angleterre, Dougherty, archevêque de Philadelphie et Touchet, évêque d'Orléans, célébra magnifiquement la glorieuse enfant. Cent mille personnes suivirent la procession à travers la ville normande.

La gloire de Thérèse montait, les miracles se multipliaient et les pèlerins venaient de plus en plus nombreux à Lisieux dans l'humble chapelle agrandie et embellie des dons de la France et du dehors.

De partout, les suppliques arrivaient à Rome pour que la bienheureuse fût proclamée *sainte*.

Enfin, le 17 mai 1925, dans l'éclat de fêtes inoubliables, S. S. Pie XI, entouré de trente-quatre cardinaux, de plus de deux cents archevêques et évêques, d'innombrables prélats et de milliers de religieux *canonisa la bienheureuse Thérèse de l'Enfant-Jésus.*

Assis sur la chaire de Pierre, Pie XI prononça la formule définitive :

« Pour l'honneur de la sainte Trinité et de

chacune des personnes divines, pour l'exaltation de la foi catholique et le progrès de la religion chrétienne, par l'autorité de Notre-Seigneur Jésus-Christ et des bienheureux apôtres Pierre et Paul, après avoir mûrement délibéré et avoir plus d'une fois imploré le secours divin, ayant pris conseil de nos vénérables Frères les cardinaux de la sainte Église romaine, des patriarches, archevêques et évêques présents dans la ville, nous déclarons *sainte* la bienheureuse Thérèse de l'Enfant-Jésus, nous la définissons telle, nous l'inscrivons au catalogue des saints, et nous décidons que, chaque année, le jour de sa naissance (au ciel), c'est-à-dire le 30 septembre, sa mémoire sera, devra être pieusement rappelée par l'Église universelle. Au nom du Père, et du Fils, et du Saint-Esprit, Amen! »

Désormais, le 30 septembre, sont inscrites au missel de l'office liturgique ces prières :

A l'introït : Venez du Liban, mon épouse, venez du Liban; vous avez blessé mon cœur, ma sœur, mon épouse, vous avez blessé mon cœur.

Au graduel : Je vous bénis, Père, Seigneur du ciel et de la terre, de ce que vous avez caché ces choses aux sages et aux prudents et les avez révélées aux *petits*.

A la communion : Le Seigneur l'a entourée et l'a instruite ; il l'a gardée comme la prunelle de son œil. Pareil à l'aigle, il a étendu ses ailes, il l'a adoptée, il l'a portée sur ses épaules. Le Seigneur seul a été son guide.

A la postcommunion : Seigneur, que le mystère céleste nous embrase de cette flamme d'amour par laquelle la bienheureuse vierge Thérèse s'est offerte à vous, comme victime de charité pour les hommes.

*
* *

Victime de charité ! C'est là, en effet, le titre, la devise de Thérèse Martin. C'est ainsi qu'elle a conquis l'auréole, qu'elle est devenue *sainte Thérèse de l'Enfant-Jésus*, et que les foules accourent à son tombeau.

*
* *

Cinq pontifes se rattachent à sa courte existence.

En 1873, elle naît sous le pontificat de Pie IX.

En 1887, elle est aux pieds de Léon XIII pour lui demander l'autorisation d'entrer au Carmel à quinze ans.

En 1914, Pie X signe l'introduction de sa cause en cour de Rome.

En 1921, Benoit XV décrète l'héroïcité de ses vertus.

En 1923 et en 1925, Pie XI la proclame bienheureuse et sainte.

C'est à ces deux derniers pontifes qu'il devait être réservé de conduire Thérèse de l'Enfant-Jésus sur les autels.

Benoit XV, qui, comme Léon XIII, ressentait une si vive affection pour la France et l'appelait la *Mère des saints,* eut une prédilection pour la petite sœur en laquelle il aimait à voir « une fleur de notre jardin ». Il connaissait intimement sa vie caractérisée par les mérites de l'enfance spirituelle et où il avait vu le secret de sa sainteté. Cette confiance, cet abandon en Dieu, à une époque où la raison affecte tant de superbe, lui plaisait infiniment. Il les déclarait nécessaires à l'acquisition de la vie éternelle, et, reprenant la parole du Maître, il disait aux hommes :

« Vous n'entrerez pas dans ce Royaume, *nisi conversi fueritis et officiamini sicut parvuli.* » A cet effet, Benoit XV voyait et montrait le chemin de la perfection chrétienne dans le sentier tracé par Thérèse ou plutôt retrouvé par elle sur les pas de l'enfant Jésus; avec les Écritures il disait : *Ex ore infantium et lactentium perfecisti laudem!* » Et il ajoutait : *Ut destrueret inimicum et ultorem.*

La simplicité de la jeune carmélite française ravissait son âme pieuse, et il prépara son triomphe, mais il s'éteignit avant de le voir. Il appartenait à Pie XI de le consacrer.

Lui aussi fut touché par les vertus héroïques de « cette créature toute céleste ».

Il considérait la virginale et courageuse enfant de France, si implorée, si exaucée par tant de suppliants du monde entier, comme *la petite sainte* chère au peuple, et il disait, avec le sublime poète florentin, qu'elle était descendue du ciel pour jeter, comme des roses, *des miracles sur la terre.* Le Pontife la montre à tous parvenue à la sainteté par fidélité totale *au devoir d'état*, quel qu'il soit.

Thérèse de l'Enfant-Jésus est proche de

nous tous, parce que nous sommes *petits* et qu'elle a voulu être *petite*.

C'est pour sa tendre simplicité qu'elle est aimée des hommes et que Pie XI l'a si heureusement proclamée « *l'enfant chérie du monde* ».

Fabriqué en France

44 459. — 1927. — Tours, impr. Mame.

www.ingramcontent.com/pod-product-compliance
Ingram Content Group UK Ltd.
Pitfield, Milton Keynes, MK11 3LW, UK
UKHW020239180726
13839UKWH00001B/65

9 782329 563053